English G Neue Ausgabe

Grammatikheft

zu den Bänden **A3** und **A4**
für das 7. und 8. Schuljahr
an Gymnasien

Cornelsen

English G · Neue Ausgabe

Grammatikheft
zu den Bänden A3 und A4
für Gymnasien

Erarbeitet von

StD Erich Fleischhack, Ebern/Unterfranken,
und der Fremdsprachenredaktion:
Hartmut Tschepe (verantwortlicher Redakteur)
unter Mitarbeit von Uwe Tröger M.A.

Beratende Mitwirkung

John Eastwood M.A., Street, Somerset
Prof. Hellmut Schwarz, Mannheim

Sprachliche Durchsicht

Nicola Brown

Zeichnungen

Robert Broomfield, Tunbridge Wells,
sowie Gabriele Heinisch, Berlin (S. 54/55; nach einer Vorlage von John Eastwood)

Technische Umsetzung

Jürgen Korup

Bildquellen

Kappan, Bloomington, Indiana: Ford Button (S. 27 oben), Martha Campbell (S. 27 unten);
Punch Publications Ltd., London (S. 19 unten rechts; S. 22; S. 67; S. 68; S. 72);
Sunday Express (S. 15 Mitte)

1. Auflage – 4. Druck 1992

Druck Cornelsen Druck, Berlin

ISBN 3-464-05091-2

Bestellnummer 50912

Inhaltsverzeichnis (Contents)

Tips und Hinweise für die Benutzung des Grammatikheftes

Was enthält das Grammatikheft?

Das Grammatikheft A3/4 erklärt ausführlich und systematisch den Grammatikstoff der Bände A3 und A4 des Lehrbuchs English G. Es enthält außer dem gesamten **Grammatikstoff der Klassen 7 und 8** auch die wichtigsten grammatischen Erscheinungen aus den Klassen 5 und 6.

Wie findest du, was du suchst?

Drei Verzeichnisse führen dich durch das Grammatikheft:

- Im **Inhaltsverzeichnis** vor dieser Seite kannst du nachschlagen, wenn du ein bestimmtes grammatisches Kapitel suchst (z.B.: Wo werden Präpositionen behandelt?).
- Der **Wegweiser** ganz am Anfang des Heftes bezieht sich auf die Units der Bände A3 und A4. Er sagt dir, in welchen Abschnitten des Grammatikheftes du den Grammatikstoff einer bestimmten Unit des Schülerbuches findest (z.B.: Wo wird der Grammatikstoff der Unit 6 des Bandes A3 behandelt?).
- Im **alphabetischen Register** am Ende des Grammatikheftes kannst du alle grammatischen Strukturen und wichtige Wörter einzeln nachschlagen und feststellen, in welchen Abschnitten des Grammatikheftes sie behandelt werden (z.B.: Wo wird die *-ing*-Form des Verbs behandelt? Wo werden *who*, *some*, *might* usw. behandelt?).

Was bedeuten die Zeichen und Abkürzungen?

A3: Unit 4 (S. 46) — gibt an, wo das Thema des Grammatikabschnitts in den Bänden A3 oder A4 von English G behandelt wird.

Rev. — zeigt, daß in diesem Abschnitt Grammatikstoff aus den ersten beiden Lernjahren wiederholt wird (Rev. = Revision, Wiederholung).

K — bedeutet „Kontrast" (= Gegensatz, Vergleich) und steht immer dort, wo auf Unterschiede zwischen dem Englischen und dem Deutschen hingewiesen wird.

R — bedeutet „rezeptiv" und kennzeichnet grammatische Erscheinungen, die du erkennen und verstehen sollst, aber nicht selbst zu verwenden brauchst.

⚠ — gibt Hinweise, die du besonders beachten solltest, um Fehler zu vermeiden.

▷ — verweist auf andere Abschnitte des Grammatikheftes, die weitere Informationen zu demselben Thema enthalten.

Was bedeuten die Farben?

Subject | Verb | Object | Adverbial ▸ dienen zur Kennzeichnung der Satzteile.

▸ dienen zur Hervorhebung (besonders bei der Gegenüberstellung ähnlicher grammatischer Strukturen).

Hallo, kennst du mich noch? Ich bin auch in diesem Heft wieder dabei. Du weißt ja: Ich fasse das Wichtigste am Ende eines Kapitels zusammen. Viel Spaß auch diesmal!

Dein K. Nickel

Wortstellung (Word order)

Rev. 1 Bejahte Aussagesätze (Positive statements)

a)

Subject	Verb	Object
The two girls	**are laughing.**	
Jane and Robert	**can speak**	**French.**

b)

Subject	Verb	Complement
Mr Green	**has been**	**ill.**

c)

Subject	Verb	Adverbial
Ella's sister	**lives**	**in the USA.**

Die Wortstellung in Aussagesätzen ist **Subject – Verb*** – **(Object / Complement / Adverbial)**.

▷ Stellung des direkten und des indirekten Objekts: 6-8; Stellung der Adverbien: 9-11

K

Mr Mason has written a book.
Mr Mason hat ein Buch geschrieben.

Last year we went to Austria.
Letztes Jahr fuhren wir nach Österreich.

R

"What happened?" asked Sandra.
"I missed the bus," said her friend. "And then the train," she added.

In Zwischen- und Nachsätzen zur direkten Rede kann das Subjekt auch **nach** Verben wie *ask, say* usw. stehen. Ist das Subjekt ein Pronomen (*she, they* usw.), gilt jedoch immer die Wortstellung S – V.

Rev. 2 Verneinte Aussagesätze (Negative statements)

Subject	Verb		Object / Complement / Adverbial
	Auxiliary + *not*	Main verb	
The two boys	**are not (aren't)**	**laughing.**	
Liz and Peter	**cannot (can't)**	**speak**	**French.**
Mrs Green	**has not (hasn't)**	**been**	**ill.**
Ella's brother	**does not (doesn't)**	**live**	**in the USA.**

In verneinten Sätzen:
Auxiliary + *not* + main verb

* Mit dem Wort *verb* bezeichnet man im Englischen sowohl – wie hier – das Prädikat (den Satzteil) als auch das Tätigkeitswort (die Wortart).

Fragesätze (Questions)

3 **a)**

Question word	Auxiliary	Subject	Main verb	Object / Complement / Adverbial
	Are	**the two girls**	**laughing?**	
	Can	**Jane and Robert**	**speak**	**French?**
	Has	**Mr Green**	**been**	**ill?**
	Does	**Ella's brother**	**live**	**in the USA?**
Why	**are**	**the two girls**	**laughing?**	
Where	**does**	**Ella's brother**	**live?**	
When	**did**	**you**	**do**	**your homework?**

Die Wortstellung in Fragesätzen, in denen du **nicht** nach dem Subjekt des Satzes fragst, ist **(Question word) – Auxiliary – Subject – Main verb – (Object / Complement / Adverbial)**.

Eine Präposition steht – wie im Aussagesatz – hinter dem Verb (+ Objekt):

Mum is looking for the newspaper.

What is Mum looking for?

▷ Indirekte Fragen: 151

4 **b)**

Question word (= Subject)	Verb	Object / Complement / Adverbial
Who	**is laughing?**	
Who	**can speak**	**French?**
Whose sister	**lives**	**in the USA?**
How many people	**were**	**at your party?**
What	**happened**	**yesterday?**
Which bus	**goes**	**to the station?**

Wenn du nach dem Subjekt eines Satzes fragst, ist die Wortstellung **Question word – Verb – (Object / Complement / Adverbial).**

⚠ Mit *who, whose, what* usw. kannst du nach dem Subjekt **oder** nach dem Objekt fragen. *do / does / did* wird aber nur in Fragen nach dem Objekt verwendet.

	Subject	Object
Liz helped Peter.	**Who helped Peter?** Wer half Peter?	**Who did Liz help?** Wem half Liz?
Dave likes Carol.	**Who likes Carol?** Wer mag Carol?	**Who does Dave like?** Wen mag Dave?
The lion caused a panic.	**What caused a panic?** Was verursachte eine Panik?	**What did the lion cause?** Was verursachte der Löwe?

A3: Unit 1 (S.15; S. 145)

Fragen nach dem Subjekt
ohne *do / does / did*.

Rev. 5

Nebensätze (Subordinate clauses)

Hauptsatz (Main clause)	Nebensatz (Subordinate clause)	Subject	Verb	Object/Complement/Adverbial
Mrs Barnes fell	**when**	**the bus**	**stopped.**	
Mum will help you	**if**	**you**	**ask**	**her.**
Julie said	**(that)**	**she**	**was**	**happy.**
That's the man		**who**	**arrived**	**yesterday.**

Die Wortstellung des Aussagesatzes gilt – anders als im Deutschen – auch für Nebensätze: **Subject – Verb – (Object/Complement/Adverbial)**.
Wie im Deutschen können Nebensätze mit *when, if, although* usw. auch **vor** dem Hauptsatz stehen: **When the bus stopped, Mrs Barnes fell.**

Die Stellung des indirekten und des direkten Objekts (The position of the indirect and direct object)

6 **a)**

	Indirect object	Direct object	
Mr Stuart gave	**the children**	**the ball.**	Mr Stuart gab den Kindern den Ball.
Sylvia bought	**her dad**	**some flowers.**	Sylvia kaufte ihrem Vater Blumen.

Wie im Deutschen gibt es im Englischen Verben, nach denen zwei Objekte stehen können: ein indirektes Objekt (meist eine **Person**) und ein direktes Objekt (meist eine **Sache**). Zu diesen Verben gehören:

bring bringen
buy kaufen
fetch holen
get holen, besorgen
give geben
lend (ver)leihen
make machen
offer anbieten
pass reichen
promise versprechen
read vorlesen
sell verkaufen
send schicken, senden
show zeigen
take hinbringen
teach beibringen
tell sagen, erzählen
write schreiben

Die normale Wortstellung ist bei diesen Verben **indirektes Objekt – direktes Objekt**.

A4: Unit 2 (S. 23)

7 **b)**

	Direct object	*to/for* + indirect object
1. **Mr Stuart gave**	**the ball**	to **the children who were playing in the garden.**
2. **Sylvia bought**	**some flowers**	for **her dad (not for her mum).**
3. **Mr Stuart gave**	**it**	to **the children.**
Sylvia bought	**them**	for **her dad.**

Die Beispiele zeigen dir, daß bei diesen Verben die Wortstellung **direktes Objekt – indirektes Objekt** ist, wenn
1. das indirekte Objekt sehr lang ist,
2. das indirekte Objekt besonders hervorgehoben oder betont werden soll (z.B. weil es einen Gegensatz ausdrückt),
3. das direkte Objekt *it* oder *them* ist.

Das nachgestellte indirekte Objekt mußt du immer mit *to* oder (bei den Verben *buy, fetch, get, make*) mit *for* anschließen.

⚠ **I gave Margaret the flowers.** – **Who did you give the flowers to?** Wem ...?
I bought Simon a new T-shirt. – **Who did you buy a new T-shirt for?** Für wen ...?

In Fragen nach dem indirekten Objekt steht immer *to* oder *for* (hinter dem direkten Objekt).

A4: Unit 2 (S. 23)

8 **c)**

	Direct object	*to* + indirect object	
Could you explain	**the passive**	**to me?**	Könntest du mir das Passiv erklären?
Tony introduced	**Jill**	**to his father.**	Tony stellte Jill seinem Vater vor.
Chris didn't say	**anything**	**to the others.**	Chris sagte den anderen nichts.

Nach den Verben *describe, explain, introduce, report, say, suggest* ist die Wortstellung normalerweise direktes Objekt – indirektes Objekt. Das indirekte Objekt dieser Verben wird **immer** mit *to* angeschlossen, auch bei der selteneren Reihenfolge indirektes Objekt – direktes Objekt: **Miss Green explained to me how the machine worked.**

A4: Unit 2 (S. 23)

Die Stellung der Adverbien (The position of adverbs)

9 Adverbien der unbestimmten Häufigkeit (Adverbs of indefinite frequency)

1.

	am, are, is was, were	Adverb	
Margie	**is**	**often**	**late for school.**
My brother	**was**	**never**	**good at chemistry.**

2.

	Adverb	Main verb	
Sebastian	**sometimes**	**prepares**	**breakfast.**
We	**often**	**played**	**tennis together last summer.**

K

We often go to the theatre.
Wir gehen oft ins Theater.

You always make the same mistakes.
Du machst immer dieselben Fehler.

3.

	Auxiliary	Adverb	
You	**can**	**always**	**come and ask me.**
I	**have**	**sometimes**	**seen her on TV.**
The Tower	**will**	**never**	**be used as a prison again.**

Adverbien der unbestimmten Häufigkeit wie *always, ever, usually, mostly, normally, often, sometimes, never* stehen gewöhnlich

1. nach *am, are, is, was, were,*
2. vor einem (Voll-)Verb im *simple present* oder *simple past,*
3. nach dem (ersten) Hilfsverb.

Rev. 10 Adverbien der Art und Weise (Adverbs of manner)

	Verb	Object	Adverb
The woman	**laughed**		**loudly.**
The waiter	**carried**	**the plates**	**carefully.**
Sandra	**watched**	**the monkeys**	**curiously.**

The waiter carried the plates carefully.

Adverbien der Art und Weise stehen gewöhnlich **nach** dem Verb oder **nach** dem Objekt, aber nicht zwischen Verb und Objekt wie im Deutschen.

K
I closed the door quietly .
Ich schloß leise die Tür.

Rev. 11 Adverbien/Adverbiale Bestimmungen des Ortes und der Zeit (Adverbs/Adverbials of place and time)

	Adverbial of time		Adverbial of place or time
		You can play	**outside/in the park.**
		I felt terrible	**two days ago,**
... but	**today**	**I feel fine.**	

Orts- und Zeitangaben stehen meist am **Satzende**. Sie können aber auch am Satzanfang stehen, besonders wenn sie betont werden sollen.

K
Mrs Clayton bought a piano yesterday .
Mrs Clayton hat gestern ein Klavier gekauft.

Mrs Wong usually speaks Chinese,
but at the moment she is speaking English.
..., aber im Moment spricht sie Englisch.

Mrs Wong

⚠

	Adverb of manner	Adverbial of place	Adverbial of time
Clare went		**to a pop concert**	**last night.**
Becker played	**terribly**	**at Wimbledon**	**this year.**

Wenn verschiedene Adverbien oder Adverbialbestimmungen am Satzende zusammenkommen, gilt gewöhnlich die Reihenfolge **Manner – Place – Time,** also wie im Alphabet: **M** vor **P** vor **T**.

Adverbien dürfen nicht zwischen Verb und Objekt stehen.

Das Verb (The verb)

Verbarten (Types of verbs)

12 Vollverben (Full verbs)

Jean likes Italy.
The boys cooked a meal last night.

Vollverben können **allein** (d.h. ohne ein weiteres Verb) im Satz auftreten.
Von jedem englischen Vollverb kannst du folgende fünf **Formen** bilden:

Infinitiv (infinitive)	**(to) ask, (to) carry, (to) give, (to) run**
-*s*-Form (-*s* form) für die 3. Pers. Sing.	**asks, carries, gives, runs**
-*ing*-Form (-*ing* form) Gerundium (gerund) Partizip Präsens (present participle)	**asking, carrying, giving, running**
Simple past-Form (simple past form)	**asked, carried, gave, ran**
Partizip Perfekt (past participle)	**asked, carried, given, run**

13 Modale Hilfsverben (Modal auxiliaries)

May I come in?
Darf ich hereinkommen?

I can speak French.
Ich kann Französisch (sprechen).

I must go home now.
Ich muß jetzt nach Hause (gehen).

I'm glad I wasn't born in France.
– Why?
I can't speak French.

Modale **Hilfsverben** werden **in Verbindung mit einem Vollverb** gebraucht.
Im Englischen gibt es folgende modale Hilfsverben:

can	**must**	**shall**
could	**needn't**	**should**
may	**ought to**	**will**
might		**would**

14 *be, do, have*

Lucy is nice.
Lucy is reading.

I did the housework yesterday.
Did you see Michael?

The Kings have breakfast at 8.
The Kings have moved to York.

Die Verben *be, do, have* können **Vollverben oder Hilfsverben** sein.

Modale Hilfsverben (Modal auxiliaries)

15 Funktion (Function)

Tina can help you.
Tina **kann** dir helfen.

Passengers must leave their suitcases here.
Fahrgäste **müssen** ihre Koffer hier lassen.

You mustn't smoke here.
Sie **dürfen** hier **nicht** rauchen.

You should try *Freshdent* toothpaste.
Du **solltest** *Freshdent*-Zahnpasta ausprobieren.

You mustn't smoke here.

Mit modalen Hilfsverben drückst du aus, daß etwas sein oder geschehen **kann**, **muß**, **darf** oder **soll**. Die modalen Hilfsverben bringen die Einstellung oder Haltung des Sprechers/der Sprecherin zur Aussage des Vollverbs zum Ausdruck.

Formen (Forms)

Rev. 16 a) Besonderheiten

1. Auf das Hilfsverb folgt der **Infinitiv ohne *to***: (Ausnahme: *ought to*) — **You can go.**
2. Es gibt **keine Endungen** auf *-s*, *-ing* oder *-ed*: — **I can drive. / She can drive.**
3. Frage und Verneinung werden **ohne *do*** gebildet: — **Can you drive? – No, I can't drive.**

17 b) „Ersatzverben"

Cindy can't drive yet. She's only 16.
But she'll be allowed to drive a car next year when she's 17.

She must wait another six months before she can learn to drive.
She'll have to practise a lot if she wants to pass her test.

Her parents may be able to help her.

Die **modalen Hilfsverben** haben nur eine *present tense*-Form (*can*, *may*, *must* usw.) und manche noch eine *past tense*-Form *(could)*, aber **keinen Infinitiv** und **keine *-ed*-Form**. Daher können sie z.B. zusammengesetzte Zeitformen wie *will-future* und *present perfect* nicht bilden. Zu bestimmten modalen Hilfsverben gibt es jedoch ein **„Ersatzverb"** mit ähnlicher Bedeutung, von dem du den Infinitiv und **alle Zeitformen** bilden kannst.

A3: Unit 6 (S. 68)

18 c) *can* (kann) ▸ **Ersatzverb: *be able to*** (können)
can't (kann nicht) ▸ **Ersatzverb: *be not able to*** (nicht können)

Present	**She can play.** **She's able to play.**	**He can't play.** **He isn't able to play.**
Past	**She could play.** **She was able to play.**	**He couldn't play.** **He wasn't able to play.**
Present perfect	**She has been able to play.**	**He hasn't been able to play.**
Will-future	**She'll be able to play.**	**He won't be able to play.**

- Im *present* ist *can* gebräuchlicher als *am/are/is able to.*
- *can* kann sich auch auf die Zukunft beziehen:
  We can play table tennis *tomorrow*.
- Im *past* kannst du immer *was/were able to* verwenden. Die Vergangenheitsform *could* wird vor allem in Fragen und verneinten Sätzen verwendet.
- *could* kann auch *könnte* bedeuten. Es bezieht sich dann auf die Gegenwart oder Zukunft und kann nicht durch *was/were able to* ersetzt werden:
  I'm so hungry I could eat a horse. **We could play table tennis *tomorrow*.**

A3: Unit 4 (S. 160); Unit 6 (S. 68)

19 **d)** ***can/may*** (darf) ▸ **Ersatzverb: *be allowed to*** (dürfen)
can't/mustn't (darf nicht) ▸ **Ersatzverb: *be not allowed to*** (nicht dürfen)

Present	**I can go.** **I'm allowed to go.**	**You can't/mustn't go.** **You aren't allowed to go.**
Past	**I was allowed to go.**	**You weren't allowed to go.**
Present perfect	**I've been allowed to go.**	**You haven't been allowed to go.**
Will-future	**I'll be allowed to go.**	**You won't be allowed to go.**

- Für sehr höfliche Bitten um Erlaubnis verwendet man Fragen mit *May I/we ...?*:
  May I use your phone, please?
- *can* und *may* können sich auch auf die Zukunft beziehen:
  Can/May I go to the cinema *tomorrow*?

A3: Unit 6 (S. 68)

20 **e)** ***must*** (muß) ▸ **Ersatzverb: *have to*** (müssen)
needn't (muß/braucht nicht) ▸ **Ersatzverb: *not have to*** (nicht müssen/brauchen)

Present	**We must work.** **We have to work.**	**They needn't work.** **They don't have to work.**
Past	**We had to work.**	**They didn't have to work.**
Present perfect	**We've had to work.**	**They haven't had to work.**
Will-future	**We'll have to work.**	**They won't have to work.**

- *must* wird sehr viel seltener verwendet als das deutsche *müssen*. Sehr häufig verwendet man *have to*.
- *must* kann sich auch auf die Zukunft beziehen:
  I must get up early *tomorrow*.
- Fragen und Verneinungen mit *have to* werden im *present* und *past* mit *do* bzw. *did* gebildet:
  Does Sarah have to change trains? **You don't have to pay at this library.**

K

You needn't tell Mum. She already knows.
Du **mußt** es Mutti **nicht** sagen./Du **brauchst** es Mutti **nicht** zu sagen.

You mustn't tell Mum. It's a secret.
Du **darfst** es Mutti **nicht** sagen.

A3: Unit 6 (S. 68)

Die Verwendung der modalen Hilfsverben (The use of the modal auxiliaries)

Mit modalen Hilfsverben kannst du ganz **unterschiedliche Sprechabsichten** ausdrücken. Schau dir dazu die folgende Übersicht an:

21 a) Fähigkeit (Ability): *can, could, be able to*

Most people can ride/are able to ride a bike.
Die meisten Menschen **können** radfahren.

Derek couldn't answer/wasn't able to answer the question.
Derek **konnte** die Frage nicht beantworten.

Maybe one day people will be able to spend their holidays on the moon.
Vielleicht **werden** die Menschen ihren Urlaub eines Tages auf dem Mond verbringen **können**.

22 b) Erlaubnis (Permission): *can, may, be allowed to*
Verbot (Prohibition): *mustn't, can't, be not allowed to*

Sue can watch TV whenever she wants.
Sue **kann/darf** fernsehen, ...

When I was her age I wasn't allowed to watch TV.
..., **durfte** ich **nicht** fernsehen.

Can/May we feed the animals?
Können/Dürfen wir die Tiere füttern?

– Sorry, you mustn't/can't feed them.
– Ihr **dürft/könnt** sie leider **nicht** füttern.

23 c) Notwendigkeit, Zwang (Necessity, strong obligation): *must, have to, needn't*

We must answer/have to answer questions 1, 2 and 4 for homework.
Wir **müssen** die Fragen 1, 2 und 4 als Hausaufgabe beantworten.

But we needn't answer/don't have to answer question 3.
Aber wir **müssen nicht/brauchen nicht** Frage 3 beantworten.

I had to work hard to pass my exams.
Ich **mußte** hart arbeiten, um meine Prüfungen zu bestehen.

24 d) Verpflichtung, Ratschlag (Obligation, advice): *should, ought to, had better*

Martin isn't very well. He should go/ought to go to the doctor's.
... Er **sollte** zum Arzt gehen.

You had better (= You'd better) go now if you want to catch the bus.
Du **solltest** jetzt **besser** gehen, .../Es **wäre besser, wenn** du jetzt gehen würdest, ...

A4: Unit 2 (S. 151)

25 e) Bitte, Aufforderung (Request): *can, could, would*

Can/Could/Would you close the window, please?
Können/Könnten/Würden Sie bitte das Fenster schließen?

– Yes, of course.

"Would you please stop telling me what to do, Mother?!"

A3: Unit 8 (S. 180)

26 **f) Vorschlag, Angebot (Suggestion, offer): *Shall I/we ...?***

Shall we go to the cinema?
Sollen wir ins Kino gehen?

27 **g) Möglichkeit (Possibility): *can, may, might, could***

It can get very cold here in January.
Es **kann** im Januar hier sehr kalt werden.

Where can Rod be? He isn't usually late. – He may / might / could be ill.
Wo **kann** Rod sein?
Er ist **vielleicht** krank.
Er **könnte** krank sein.

A3: Unit 5 (S. 164)

28 **h) Vermutung, Wahrscheinlichkeit, Schlußfolgerung (Assumption, probability, deduction): *should, ought to, must, can't***

The children left an hour ago.
They should be / ought to be home by now.
Sie **sollten / müßten eigentlich** jetzt zu Hause sein. A4: Unit 2 (S. 151)

That boy over there must be Sandra's brother.
Der Junge dort drüben **muß** Sandras Bruder sein.
– No, he's much too old. He can't be her brother.
Er **kann nicht** ihr Bruder sein.

"They must be in – I saw a light on!"

29 **Modale Hilfsverben + *have* + Partizip Perfekt (Modal auxiliaries + *have* + past participle)**

What can have happened to Susan? She isn't usually late.
Was **kann** mit Susan passiert **sein**?

– She may / might / could / must have missed the bus.
Sie **hat vielleicht** den Bus verpaßt.
Sie **könnte** den Bus verpaßt **haben**.
Sie **muß** den Bus verpaßt **haben**.

You could have asked me before you took my bike.
Du **hättest** mich fragen **können**, ehe du mein Rad nahmst.
You shouldn't have swum in that river. You might have drowned.
Du **hättest** nicht in dem Fluß schwimmen **sollen**. Du **hättest** ertrinken **können**.

Wenn man sich auf die Vergangenheit bezieht, steht nach den modalen Hilfsverben oft der **Infinitiv Perfekt** (= *have* + Partizip Perfekt).

A3: Unit 8 (S. 178)
A4: Unit 8 (S. 178)

Why have you got a sandwich behind your ear?
– Oh dear. I must have eaten my pencil for lunch.

▷ Infinitiv Perfekt im Bedingungssatz III: 142

30 Die Zeitformen der Vollverben (The tenses of the full verbs)

		Active	Passive
Present tense	simple ▷ 31-36, 41	She asks She does not ask Does she ask?	She is asked She is not asked Is she asked?
	progressive ▷ 37-41, 62	She is asking She is not asking Is she asking?	She is being asked She is not being asked Is she being asked?
Past tense	simple ▷ 42-44, 53	She asked She did not ask Did she ask?	She was asked She was not asked Was she asked?
	progressive ▷ 45-46	She was asking She was not asking Was she asking?	She was being asked She was not being asked Was she being asked?
Present perfect	simple ▷ 47-49, 52-53	She has asked She has not asked Has she asked?	She has been asked She has not been asked Has she been asked?
	progressive ▷ 50-52	She has been asking She has not been asking Has she been asking?	-- -- --
Past perfect	simple ▷ 54-55	She had asked She had not asked Had she asked?	She had been asked She had not been asked Had she been asked?
	progressive ▷ 56	She had been asking She had not been asking Had she been asking?	-- -- --
Future	*will*-future ▷ 57-59, 62	She will ask She will not ask Will she ask?	She will be asked She will not be asked Will she be asked?
	going to-future ▷ 60-62	She is going to ask She is not going to ask Is she going to ask?	She is going to be asked She is not going to be asked Is she going to be asked?

▷ Kurzformen: 91-92; Passiv: 64-66

Die einfache Form der Gegenwart (The simple present)

31 Bildung (Form)

I play	I do not	play	Do I	play?
You play	You do not		Do you	
He/She plays	He/She does not		Does he/she	
We/You/They play	We/You/They do not		Do we/you/they	

Gebrauch (Use)

32 **a) Jane starts school at quarter to nine. She *usually* gets up at 7.30. She leaves the house at 8.30. She *never* goes by bus, she *always* walks.**
***At the weekends* she *often* plays tennis.**

Du verwendest das *simple present*, wenn du ausdrücken willst, daß etwas **regelmäßig**, **normalerweise**, **oft** oder **nie** geschieht. Oft verwendest du dabei Zeitangaben wie *every morning*, *every day*, *on Fridays*, *in the evenings* sowie *often*, *sometimes*, *always*, *usually*, *never*.
Das *simple present* wird auch verwendet, um zu sagen, welches **Hobby** oder welchen **Beruf** jemand hat.

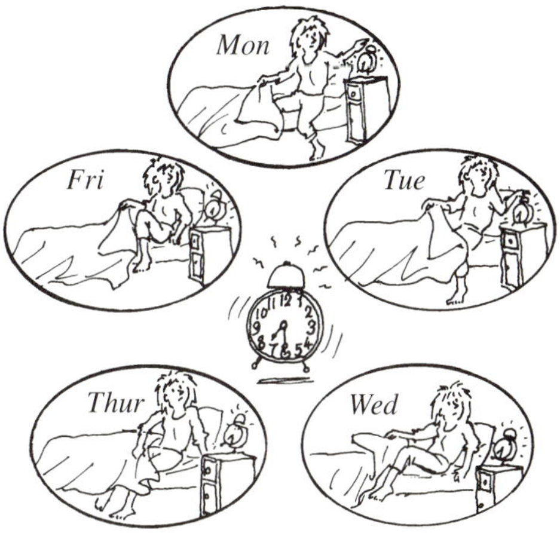

Jane usually gets up at 7.30.

33 **b) Light travels faster than sound.**
Practice makes perfect. *(Sprichwort)*

Du verwendest das *simple present*, wenn du ausdrücken willst, daß etwas **immer so ist.**

34 **c) What does the text say about the stranger?**
The film describes life in the Middle Ages.

Du verwendest das *simple present*, wenn du über den Inhalt eines Textes oder Filmes sprichst, wenn du also ausdrücken willst, **wovon etwas handelt**.

35 **d)** ***First* you put in the sugar and the butter.**
***Then* you add the eggs slowly and mix well. ...** *(Auszug aus einem Kochrezept)*

Du verwendest das *simple present*, wenn du **aufeinanderfolgende Handlungen** aufzählst, z.B. wenn du **Anweisungen** gibst oder erklären willst, wie etwas gemacht wird.
Signalwörter: *First* ..., *then* ..., *after that* ..., *finally* ... usw.

36 **e) Tina will phone you *when* she gets home.**
You'll have to wait *till* the bank opens.

Du verwendest das *simple present* in **Nebensätzen der Zeit**, die sich auf die **Zukunft** beziehen. Im Hauptsatz steht meist das *will-future*.

A3: Unit 6 (S. 172)

▷ Das *simple present* im Bedingungssatz I: 139

Simple present:

- **Wenn du sagen willst, daß jemand etwas immer wieder, nie oder als Hobby/ Beruf tut;**
- **wenn du sagen willst, daß etwas immer so ist;**
- **in Inhaltsangaben;**
- **wenn du aufeinanderfolgende Handlungen aufzählst;**
- **in Nebensätzen der Zeit, die sich auf die Zukunft beziehen.**

Die Verlaufsform der Gegenwart (The present progressive)

Rev. 37 **Bildung (Form)**

I am You are He/She is usw.	playing	I am not You are not He/She is not usw.	playing	Am I Are you Is he/she usw.	playing?

Gebrauch (Use)

Rev. 38 a) Nicky: What **are** you **doing**, Vicky?
Vicky: **I'm writing** a letter to my cousin Paul.
Nicky: But why **are** you **writing** so slowly?
Vicky: Because he can't read very fast.

Du verwendest das *present progressive*, wenn du ausdrücken willst, daß jemand **jetzt**/ **gerade**/**im Augenblick** etwas tut oder daß gerade etwas geschieht. Die Handlung/der Vorgang ist gerade im Verlauf und noch **nicht abgeschlossen**. Häufige Zeitbestimmungen sind *at the moment* (im Augenblick), *now* (jetzt), *just* (gerade), *still* (noch).

39 b)

Brian *Ruth*

In diesen Beispielsätzen sprechen Brian und Ruth über die Zukunft. Brian fragt Ruth, was sie für Freitagabend geplant hat. Ruth sagt, daß sie mit Mark verabredet ist.
Du kannst das *present progressive* verwenden, wenn du ausdrücken willst, daß etwas **Zukünftiges** fest **geplant** oder mit jemandem **abgesprochen** wurde. Durch eine Zeitangabe der Zukunft (*on Friday evening*, *next week*, *tomorrow* usw.) oder durch den Zusammenhang muß aber deutlich werden, daß es sich um etwas Zukünftiges handelt.

▷ Möglichkeiten, ein künftiges Geschehen auszudrücken: 62

A3: Unit 6 (S. 65)

Present progressive:

- **Wenn du sagen willst, daß eine Handlung oder ein Vorgang gerade im Verlauf ist;**
- **wenn du sagen willst, daß eine Handlung fest für die Zukunft geplant oder vereinbart ist.**

40 ⚠ Folgende Verben werden normalerweise **nicht in der *progressive form*** verwendet:

- **Verben, die Zustände, Eigenschaften oder Besitzverhältnisse beschreiben:**

be sein	**have** besitzen	**seem** scheinen
belong to gehören	**look** aussehen	**smell** riechen, stinken
consist of bestehen aus	**mean** bedeuten	**sound** klingen, sich anhören
cost kosten	**need** brauchen	**taste** schmecken
exist vorhanden sein	**own** besitzen	**weigh** wiegen

- **Verben des Meinens, Wissens und Vermutens:**

agree übereinstimmen	**realize** einsehen, merken	**suppose** annehmen, vermuten
believe glauben	**recognize** erkennen	**think** meinen, glauben
imagine sich vorstellen	**remember** sich erinnern	**understand** verstehen
know wissen, kennen	**see** verstehen, einsehen	**wonder** sich fragen, überlegen

- **Verben des Mögens, Nichtmögens und Wollens:**

dislike nicht mögen	**love** lieben, sehr mögen	**want** wollen, haben wollen
hate hassen, gar nicht mögen	**mind** etwas dagegen haben	**wish** wünschen
like mögen	**prefer** lieber mögen, vorziehen	

- **Verben der Sinneswahrnehmung:**

feel fühlen	**notice** bemerken
hear hören	**see** sehen

41 *Simple present* und *present progressive* im Vergleich (Simple present and present progressive in contrast)

Simple present	Present progressive
 **Amanda Golding writes love stories.**	 **Here she's writing her latest book.**
 **The castle stands on a hill.**	 **"I'm standing under your foot."**
Du beschreibst Tätigkeiten oder Ereignisse, die sich regelmäßig wiederholen (z.B. Gewohnheiten), oder Dauerzustände.	Du beschreibst Tätigkeiten oder Ereignisse, die gerade ablaufen und noch nicht abgeschlossen sind.

Rev.

Die einfache Form der Vergangenheit (The simple past)

42 ## Bildung (Form)

I You He/She usw.	played sang	I did not You did not He/She did not usw.	play sing	Did I Did you Did he/she usw.	play? sing?

Gebrauch (Use)

43 a) **My brother played in a band *last year*.**
Did you see Jill *yesterday*? – No, I didn't. She wasn't at home.
***When* did you visit York? – I think it was three months *ago*.**
When I was a child we always went to Italy in the summer.

Columbus "discovered" America.
The world's first underground railway was built in London.

Du verwendest das *simple past*, wenn du sagen willst, daß etwas zu einem **bestimmten Zeitpunkt** (Frage: **wann**?) oder in einem bestimmten **abgeschlossenen Zeitraum** in der **Vergangenheit** geschehen ist. Häufige Zeitbestimmungen sind dabei *yesterday*, *last Thursday*, *last year*, *a week ago*, *in 1985*, *on March 13th* usw.
Auf Zeitbestimmungen wird oft verzichtet, wenn aus dem Zusammenhang deutlich ist, daß es sich um ein vergangenes Geschehen handelt, also z.B. bei geschichtlichen Ereignissen.

44 b)

Tiger in pedestrian precinct

Brighton, December 20 (AP).
Yesterday afternoon a tiger escaped from Brighton Zoo. The animal walked into the pedestrian precinct, where there were hundreds of Christmas shoppers. Children started crying and people tried to hide in shops and snack bars. The police were called and after two hours they finally caught the animal in front of a butcher's shop. It was taken back to the zoo at once.

Du verwendest das *simple past*, wenn du über vergangene Ereignisse **berichtest** oder eine Geschichte **erzählst**.

K

Brian played in a band last year.
Brian **hat** letztes Jahr in einer Band **gespielt**. /
Brian **spielte** letztes Jahr in einer Band.

When did you phone home?
Wann **hast** du zu Hause **angerufen**?

Im Deutschen wird das *simple past* oft durch eine Perfektform wiedergegeben. Beachte jedoch, daß *simple past* und *present perfect* im Englischen **nicht austauschbar** sind.

Simple past:

- **Wenn du sagst, wann etwas geschehen ist;**
- **in Berichten und Erzählungen.**

▷ *Present perfect* und *simple past* im Vergleich: 53; Das *simple past* im Bedingungssatz II: 141; Das *simple past* in der indirekten Rede: 149

Die Verlaufsform der Vergangenheit (The past progressive)

45 Bildung (Form)

I was	playing	I was not	playing	Was I	playing?
You were		You were not		Were you	
He/She was		He/She was not		Was he/she	
usw.		usw.		usw.	

46 Gebrauch (Use)

Du verwendest das *past progressive*, um auszudrücken, daß eine Handlung oder ein Vorgang zu einer **bestimmten Zeit** in der **Vergangenheit** (*between 9 and 10 o'clock*, *at midnight* usw.) **gerade im Gange**, d.h. noch nicht abgeschlossen war. Oft beschreibt das *past progressive*, was gerade vor sich ging, als etwas anderes passierte:

NOW

Four people were standing in the queue,

when the bank robber came in.

K

I was standing at the corner when the bank robber stopped the car.
Ich **stand (gerade)** an der Ecke, als der Bankräuber das Auto anhielt.

Im Deutschen gibt es keine besondere Form für die Wiedergabe der Verlaufsform.

⚠ 1. Past progressive: **When Sharon arrived, we were having lunch.**
2. Simple past: **When Sharon arrived, we had lunch.**

Im Beispiel 1 waren wir bereits beim Essen, als Sharon kam.
Im Beispiel 2 kam Sharon, **dann** aßen wir zu Mittag.

Past progressive:

Wenn du sagen willst, daß eine Handlung oder ein Vorgang zu einem bestimmten Zeitpunkt gerade im Gange war.

▷ Verben, die normalerweise nicht in der *progressive form* verwendet werden: 40

Das Perfekt (The present perfect)

Rev. 47 Bildung (Form)

I have		I have not		Have I	
You have	played	You have not	played	Have you	played?
He/She has	sung	He/She has not	sung	Has he/she	sung?
usw.		usw.		usw.	

Gebrauch (Use)

Rev. 48 a) **Mr Dean can't get into the house. He has lost his keys.**
Where's Megan? – She hasn't come *yet*. We're still waiting for her.
Have you *ever* tried any Greek food? – No, I haven't.
There have been a lot of accidents in our street *recently*.

Du verwendest das *present perfect*, wenn du mitteilen willst, **daß** jemand etwas getan hat bzw. **daß** etwas geschehen ist. Der **genaue Zeitpunkt** ist unwichtig und wird **nicht genannt**. Oft hat die Handlung / das Geschehen unmittelbare Auswirkungen auf die Gegenwart oder Zukunft. (Mr Dean kommt nicht ins Haus. Wir warten immer noch auf Megan.)
Folgende Zeitbestimmungen werden häufig mit dem *present perfect* verwendet: *already*, *(not ...) yet*, *so far*, *often*, *never*, *just* (gerade, soeben), *recently*, *before*, *ever*.

"Hello, we've just moved in next door and to save time we've done this video of our lives so far."

49 b) ***How long* have you been here?**
Wie lange bist du schon hier?

I've had this coat *for years*.
Ich habe diesen Mantel schon viele Jahre.

Du verwendest das *present perfect* bei Verben, die einen **Zustand** beschreiben (▷ 40), wenn du ausdrücken willst, daß dieser Zustand **in der Vergangenheit begonnen** hat und **jetzt noch andauert**. Wenn du angeben willst, wie lange der Zustand schon andauert, verwendest du Zeitbestimmungen mit *since* oder *for*:

I've known Jane *since 1987*.

A3: Unit 10 (S. 109);
A4: Unit 1 (S. 14)

Present perfect:

- **Wenn du sagen willst, daß (nicht: wann!) etwas geschehen ist;**
- **wenn du sagen willst, daß ein Zustand in der Vergangenheit begonnen hat und jetzt noch andauert.**

▷ *since* und *for*: 52; *Present perfect* und *simple past* im Vergleich: 53

Die Verlaufsform des Perfekts (The present perfect progressive)

50 ### Bildung (Form)

I have You have He/She has usw.	been playing	I have not You have not He/She has not usw.	been playing	Have I Have you Has he/she usw.	been playing?

Das *present perfect progressive* wird mit *have/has* + *been* + *-ing*-Form gebildet.

51 ### Gebrauch (Use)

Die Handlung *I've been waiting* dauert jetzt (um 17.45 Uhr) schon eine Zeitlang an. Sie hat um 17 Uhr begonnen und dauert zum Zeitpunkt des Sprechens (17.45 Uhr) noch an. Mit dem *present perfect progressive* drückst du aus, daß eine **Handlung** oder ein **Vorgang in der Vergangenheit begonnen** hat und bis (oder fast bis) **in die Gegenwart andauert**. Wenn du angeben willst, wie lange die Handlung/der Vorgang schon andauert, verwendest du Zeitbestimmungen mit *since* oder *for*:

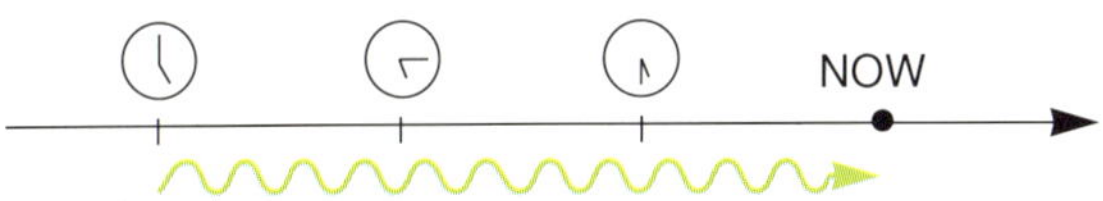

I've been waiting ***since 5 o'clock.***

Present perfect progressive:

Wenn du sagen willst, daß eine Handlung oder ein Vorgang in der Vergangenheit begonnen hat und jetzt noch andauert.

▷ Verben, die normalerweise nicht in der *progressive form* verwendet werden: 40

A3: Unit 10 (S. 109);
A4: Unit 1 (S. 14)

52 ### *Present perfect* und *present perfect progressive* mit *since* und *for* (Present perfect and present perfect progressive with *since* and *for*)

Mr Brown: Where are Ann and Paul?
Mrs Brown: They're at the youth club. They've been there for three hours, since six o'clock.
Mr Brown: What have they been doing there since six o'clock?
Mrs Brown: Oh, they've probably been playing table tennis and listening to music.

Du verwendest das *present perfect* oder das *present perfect progressive* mit *since* und *for*, wenn du ausdrücken willst, **wie lange** ein Zustand oder eine Handlung **schon andauert**. *since* und *for* heißen im Deutschen *seit*.

The children have been at the club since six o'clock.
... seit sechs Uhr ...

The children have been at the club for three hours.
... seit drei Stunden/schon drei Stunden lang ...

since wird mit Zeitpunkten verbunden, zu denen etwas begann, z.B.: *since 7 o'clock, since Sunday, since June 3rd, since 1985, since my birthday, since we arrived.*

for wird mit Zeitspannen verbunden, die angeben, wie lange etwas schon andauert, z.B.: *for ten minutes, for two days, for a few years, for a long time* (schon lange).

K

We have had a dog since 1985.
Wir **haben seit** 1985 einen Hund.

It has been raining for three hours.
Es **regnet** (schon) **seit** drei Stunden.

Im Deutschen verwenden wir *seit* meist mit dem **Präsens**, wenn wir sagen wollen, wie lange etwas schon andauert.

A3: Unit 10 (S. 109);
A4: Unit 1 (S. 14)

53 *Present perfect* und *simple past* im Vergleich (Present perfect and simple past in contrast)

Present perfect	Simple past
1. **I've read your book. You can have it back now.**	**I read your book *last weekend*.**
Du teilst mit, daß etwas geschehen ist. Wann es geschehen ist, ist unwichtig oder unbekannt.	Du nennst einen bestimmten Zeitpunkt oder Zeitraum in der Vergangenheit.
2. **Look, Liz has bought a new blouse.** →	**– Yes, I know. She bought it at City Girl (last Friday). And it wasn't expensive.**
	Du redest über ein im *present perfect* eingeführtes Geschehen weiter.
3. ***How long* have you had a cat?**	***When* did you buy your cat?**
Du fragst, seit wann oder wie lange etwas schon andauert.	Du fragst, wann (= zu welchem Zeitpunkt) etwas geschah.

Das Plusquamperfekt (The past perfect)

54 Bildung (Form)

I **had**		I **had not**		**Had** I	
You **had**	played	You **had not**	played	**Had** you	played?
He/She **had**		He/She **had not**		**Had** he/she	
usw.		usw.		usw.	

Kurzformen: **had** = **'d**, **had not** = **hadn't**

Gebrauch (Use)

55 **Tanja had spent six months in London when her parents visited her last May.**
Tanja hatte sechs Monate in London verbracht, als ihre Eltern sie letzten Mai besuchten.

I got to the station two minutes *after* the six o'clock train had left.
Ich kam zum Bahnhof zwei Minuten, nachdem der Sechsuhrzug abgefahren war.

Wie du weißt, drückt das *simple past* aus, daß Handlungen oder Ereignisse zu einem bestimmten Zeitpunkt in der Vergangenheit stattfanden: *Tanja's parents visited her last May; I got to the station at 6.02.* Wenn du sagen willst, daß andere Handlungen **bereits vor diesen Handlungen stattgefunden** hatten, verwendest du für diese vorher abgeschlossenen Handlungen das *past perfect*: *Tanja had spent six months in London; The train had left.*

So kannst du dir die Verwendung des *past perfect* anschaulich einprägen:

before last May *(past perfect)* — last May *(simple past)* — NOW

Tanja had spent six months in London **when her parents visited her last May.**

⚠ 1. Past perfect: **When we arrived, Roy had cooked the lunch.**
2. Simple past: **When we arrived, Roy cooked the lunch.**

Im Beispiel 1 hatte Roy bereits das Mittagessen gekocht, als wir ankamen.
Im Beispiel 2 kamen wir an, und erst dann kochte Roy das Mittagessen.

Past perfect:

Wenn du sagen willst, daß eine Handlung bereits vor einer anderen Handlung stattgefunden hatte.

▷ Das *past perfect* im Bedingungssatz III: 142, 143;
Das *past perfect* in der indirekten Rede: 149

A3: Unit 8 (S. 88)

56 **R** **Mrs Bell was tired. She had been working in the garden all morning.**

Es gibt auch eine *past perfect progressive*-Form.

Das Futur mit *will* (The *will*-future)

Rev. 57 **Bildung (Form)**

I will You will He/She will usw.	play	I will not You will not He/She will not usw.	play	Will I Will you Will he/she usw.	play?

Kurzformen: **will** = **'ll**, **will not** = **won't** [wəʊnt]

(Statt *I/we will* bzw. *won't* sind im britischen Englisch auch die Formen *I/we shall* [ʃæl, ʃəl] bzw. *shan't* [ʃɑːnt] gebräuchlich.)

Gebrauch (Use)

Rev. 58 a) **My mother will be fifty next year.**
The Johnsons are moving next month. I suppose they'll have to sell their house. But I'm afraid they won't get much for it.

Du verwendest das *will-future,*
- wenn du über **Dinge in der Zukunft** sprichst, auf die du **keinen Einfluß** hast.
- wenn du **Vermutungen** über die Zukunft äußerst oder **Vorhersagen** machst.

▷ Das *will-future* im Bedingungssatz I: 139

59 b) **Would you like tea or coffee? – I'll have tea, please.**
... – Ich nehme Tee.

These bags are really heavy. – We'll carry them for you.
... – Wir tragen sie für dich.

My bike is broken. – Don't worry. I'll lend you mine.
... Ich leih dir meines.

In diesen Beispielen reagiert jemand auf eine Situation und faßt einen spontanen, d. h. nicht geplanten Entschluß *(I'll have tea; We'll carry them for you)* oder verspricht etwas *(I'll lend you mine)*. Die Sätze stehen im *will-future*. Du verwendest also das *will-future*, wenn du einen **spontanen Entschluß** äußerst oder ein **Versprechen** abgibst.

A3: Unit 4 (S. 162)

Rev.

Das Futur mit *going to* (The *going to*-future)

60 **Bildung (Form)**

I am You are He/She is usw.	going to play	I am not You are not He/She is not usw.	going to play	Am I Are you Is he/she usw.	going to play?

61 **Gebrauch (Use)**

We're going to play cards this evening. – Aren't you going to watch the match on TV?

Du verwendest das *going to-future*, wenn du sagst oder fragst, was jemand **vorhat**.

62 Möglichkeiten, ein künftiges Geschehen auszudrücken (Ways of expressing future time)

Im Deutschen gebrauchen wir meist das Präsens, wenn wir über die Zukunft sprechen. Im Englischen müssen wir in solchen Fällen das *will-future*, das *going to-future* oder das *present progressive* verwenden. Welche Zeitform du wählst, hängt davon ab, was du ausdrücken willst (ob du z.B. eine Vorhersage machst oder eine Absicht äußerst).

a) **Will-future:**

- **künftiges Geschehen, auf das du keinen Einfluß hast**
- **Vorhersagen oder Vermutungen über die Zukunft**
- **spontan gefaßte Entschlüsse oder Versprechen**

Das *will-future* ist im Englischen die häufigste Futurform.

"What did I learn today? My mother will want to know."

b) **Going to-future:**

Absichten oder Vorhaben in der (nahen) Zukunft, Pläne

"I'm going to buy a new car soon."

c) **Present progressive:**

für die (nahe) Zukunft fest geplante oder vereinbarte Handlungen

(Durch eine Zeitbestimmung der Zukunft oder den Zusammenhang muß deutlich werden, daß sich die Aussage auf die Zukunft bezieht.)

▷ 39

"We're getting a new computer in our class today. I hope I'm the one it replaces." [1]

[1] (to) replace [rɪ'pleɪs] *ersetzen*

⚠ In vielen Fällen kann man entweder das *going to-future* oder das *present progressive* verwenden, weil oft kein großer Unterschied zwischen einer Absicht und einer Vereinbarung besteht.

▷ Das *simple present* in Nebensätzen der Zeit mit futurischer Bedeutung: 36

Das Passiv (The passive)

63 Aktiv und Passiv (Active and passive)

	Subject	
Active:	**Thomas Alva Edison**	**invented the electric light bulb in 1879.**
Passive:	**The electric light bulb**	**was invented in 1879.**

Wie du siehst, kann ein Vorgang aus zwei verschiedenen Perspektiven beschrieben werden: Im Aktivsatz erfährst du, wer etwas tut. Das Subjekt des Aktivsatzes *(Thomas Alva Edison)* führt die Handlung aus. Der Passivsatz hebt hervor, mit wem oder womit etwas geschieht. Im Passivsatz wird etwas mit dem Subjekt *(the electric light bulb)* getan.

Bildung (Form)

64

		Form of *be*	Past participle	
Simple present:	A lot of cars	**are**	**stolen.**	... werden gestohlen.
Simple past:		**were**	**stolen.**	... wurden gestohlen.
Present perfect:		**have been**	**stolen.**	... sind gestohlen worden.
Past perfect:		**had been**	**stolen.**	... waren gestohlen worden.
Will-future:		**will be**	**stolen.**	... werden gestohlen (werden).
Modal auxiliaries:		**might be**	**stolen.**	... könnten gestohlen werden.

Du bildest das Passiv mit einer Form von *be* + Partizip Perfekt *(past participle)*.
Im Deutschen wird das Passiv mit einer Form von *werden* + Partizip Perfekt gebildet.

K

The problem was discussed.
Das Problem wurde diskutiert. /
Man diskutierte das Problem.

Two planes could be seen.
Man konnte zwei Flugzeuge sehen.

Im Deutschen werden englische Passivsätze manchmal durch einen Aktivsatz mit *man* wiedergegeben.

Schild in einem Restaurant

A3: Unit 2 (S. 20)

65 R

Present progressive: **Look, the match is being shown on TV.**
... wird (gerade) ... gezeigt.

Past progressive: **The match was being shown on TV.**
... wurde (gerade) ... gezeigt.

is / was being shown ist eine *progressive form* des Passivs *(passive progressive)*. Die Verwendung der Verlaufsform des Passivs entspricht der des Aktivs, d.h., etwas ist / war noch im Verlauf, es ist / war noch nicht abgeschlossen. A4: Unit 4 (S. 40)

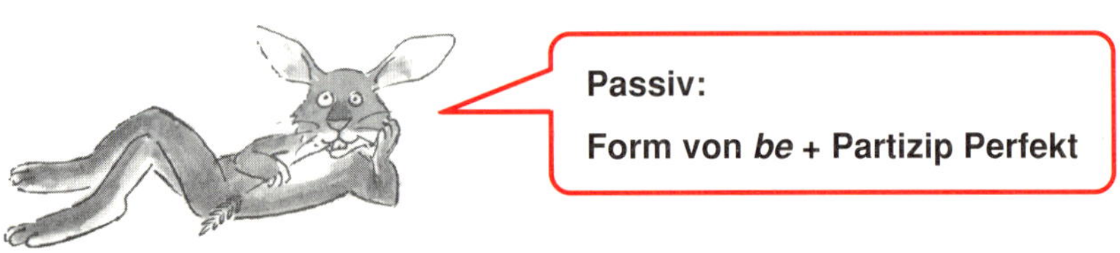

66 Gebrauch (Use)

a) **At 4.15 yesterday afternoon an oil rig was destroyed in the Gulf of Mexico. 54 Americans were thrown into the sea as heavy storms attacked the rig. Ships and helicopters were sent to the area at once, but not one of the 54 men could be found. It is now thought that all the men must have died in the storm.**

Du verwendest das Passiv, um zu sagen, **was** mit einer Sache oder einer Person **getan wird** oder geschieht. Wer die Handlung ausführt, ist nicht bekannt oder nicht so wichtig. Daher steht das Passiv z.B. oft in Zeitungsberichten über Verbrechen, Unfälle oder Naturkatastrophen, wenn man den „Täter" oder „Verursacher" des Geschehens nicht nennen kann oder will.

b) **These photos were taken by my wife.**
... wurden **von meiner Frau** gemacht.

The restaurant was destroyed by a fire.
... wurde **durch ein Feuer** zerstört.

What belongs to you but is used more often by others?
– Your name.

Wenn du in einem Passivsatz sagen willst, **von wem** etwas getan wird oder **wodurch** etwas geschieht, verwendest du die Präposition *by (by my wife, by a fire).*

A3: Unit 2 (S. 20)

Das Passiv mit verschiedenen Arten von Verben (The passive with different types of verbs)

67 a) Verben mit einem Objekt

		Subject		Direct object	
Active:	1.	**You**	**must not open**	**the doors**	**before the train stops.**
	2.	**They**	**helped**	**us**	**after the accident.**

		Subject		
Passive:	1.	**The doors**	**must not be opened**	**before the train stops.**
	2.	**We**	**were helped**	**after the accident.**

Das Passiv kann von allen Verben gebildet werden, die im Aktiv ein direktes Objekt nach sich haben (= transitive Verben).
Daher wird es auch von denjenigen transitiven englischen Verben gebildet, die im Deutschen ein Dativobjekt nach sich haben (= intransitive Verben), z.B. *answer sb.* (jm. antworten), *believe sb.* (jm. glauben), *follow sb.* (jm. folgen), *forgive sb.* (jm. vergeben), *help sb.* (jm. helfen), *join sb.* (sich jm. anschließen), *thank sb.* (jm. danken).

K

I was helped.
Mir wurde geholfen. / Man half **mir**.

They were thanked.
Ihnen wurde gedankt. / Man dankte **ihnen**.

A3: Unit 2 (S. 20)

68 b) Verben mit zwei Objekten

			Indirect object	Direct object
Active:	The firm	pays	**her**	**a lot of money.**

	Subject		Direct object
Passive:	**She**	is paid	**a lot of money.**

Bei Verben mit zwei Objekten (z.B. *give, show, offer, promise, pay sb. sth.*) wird im Englischen gewöhnlich das indirekte Objekt zum Subjekt des Passivsatzes. Da das indirekte Objekt in der Regel eine Person ist, haben diese Passivsätze ein persönliches Subjekt (**„persönliches Passiv“**). Im Deutschen kann nur das direkte Objekt (= Sachobjekt) zum Subjekt des Passivsatzes werden, oder es steht ein Aktivsatz mit *man*.

K

The workers were offered better wages.
Den Arbeitern wurden höhere Löhne angeboten. / Man bot **den Arbeitern** …

They were promised more days holiday.
Ihnen wurden mehr Urlaubstage versprochen. / Man versprach **ihnen** mehr Urlaubstage.

▷ Verben mit zwei Objekten: 6

A4: Unit 4 (S. 40)

69 c) Verbindungen aus Verb + Präposition/Adverb (Prepositional/Phrasal verbs)

		Verb + preposition	Object	
Active:	**Someone**	**broke into**	**our flat**	**last week.**

	Subject	Verb + preposition	
Passive:	**Our flat**	**was broken into**	**last week.**

In unsere Wohnung wurde letzte Woche eingebrochen.

		Verb + adverb	Object
Active:	**They**	**have pulled down**	**the old house.**

	Subject	Verb + adverb
Passive:	**The old house**	**has been pulled down.**

Das alte Haus ist abgerissen worden.

Auch von Verben, die mit einer Präposition verbunden sind (z.B. *break into, ask for, think of*) oder die mit einem Adverb verbunden sind (z.B. *pull sth. down, give sth. up, throw sth. away*), läßt sich ein Passiv bilden. Beachte, daß die Präposition/das Adverb wie im Aktivsatz immer direkt auf das Verb folgt.

A4: Unit 4 (S. 40)

Der Infinitiv (The infinitive)

70 Formen (Forms)

Can you play football this afternoon, Graham? – No, I have to do my homework.

Der Infinitiv wird – je nach Satz – **mit** oder **ohne** *to* gebraucht. Es gibt folgende Formen:

	Active infinitive	Passive infinitive
Present infinitive:	**(to) find** finden	**(to) be found** gefunden werden
Perfect infinitive:	**(to) have found** gefunden haben	**(to) have been found** gefunden worden sein

A3: Unit 8 (S. 91)

Der Infinitiv mit *to* (The infinitive with *to*)

Rev. 71 a) Der *to*-Infinitiv nach bestimmten Verben

Barry forgot to do his homework last night.
Barry hat gestern abend vergessen, seine Hausaufgaben zu machen.

Karen wants to go shopping on Saturday.
Karen will am Samstag einkaufen gehen.

We aren't allowed to talk during tests.
Wir dürfen bei Tests nicht reden.

He's learning to drive.

Der *to*-Infinitiv steht nach bestimmten Verben, z.B.

agree zustimmen
arrange vereinbaren
can afford sich leisten können
choose beschließen
decide sich entscheiden
expect erwarten
forget vergessen
hope hoffen
learn lernen
offer anbieten
plan planen, vorhaben
promise versprechen
refuse sich weigern
remember daran denken
seem scheinen
try versuchen
want wollen
would like möchte(n) gern

Der *to*-Infinitiv steht außerdem immer in Verbindung mit den modalen „Ersatzverben":
be able to do tun können **be allowed to do** tun dürfen **have to do** tun müssen

▷ „Ersatzverben": 17-20; Die *-ing*-Form als Objekt nach bestimmten Verben: 80

72 b) Der *to*-Infinitiv nach bestimmten Verben + Objekt

	Verb	Object + *to*-infinitive		
The instructor	**expected**	**everybody**	**to be**	**ready at five o'clock.**
She	**didn't want**	**us**	**to make**	**any noise.**
She	**told**	**us**	**to meet**	**in the car park.**
She	**reminded**	**us**	**to bring**	**our raincoats.**

Die Trainerin erwartete, **daß jeder** um 5 Uhr fertig **war**.
Sie wollte nicht, **daß wir** Lärm **machten**.
Sie sagte, **daß wir** uns auf dem Parkplatz **treffen sollten**.
Sie erinnerte **uns** daran, unsere Regenmäntel **mitzubringen**.

Nach bestimmten Verben kann ein **Objekt** + *to*-Infinitiv stehen. Zu diesen Verben gehören:

advise raten
ask bitten
cause verursachen, daß ...
encourage ermutigen, anregen
expect erwarten, daß ...
force zwingen
help helfen
invite einladen, auffordern
remind daran erinnern
teach lehren, beibringen
tell sagen, daß ... soll
want / would like wollen, daß ...
warn dringend raten

K

Jane wants to help him.
Jane will ihm **helfen**.

Jane wants him to help.
Jane will, **daß er hilft**.

Nach *want* und *would like* darf **kein** Nebensatz mit *that* stehen.

Jane wants Carl/me/him/her/us/them to help.
..., daß Carl/ich/er/sie/wir/sie ...

Ein Personalpronomen steht in der **Objektform**.

A4: Unit 8 (S. 98)

73 **c) Der *to*-Infinitiv anstelle eines Relativsatzes**

I haven't got a clean shirt | to put on.
| (that) I can put on.
..., das ich anziehen kann / anzuziehen.

Michael doesn't know anybody | to talk to.
| (who) he could / might talk to.
..., mit dem er reden könnte.

Der *to*-Infinitiv kann nach Nomen sowie nach *something, anything, nothing, a lot* usw. anstelle eines **Relativsatzes** mit modalem Hilfsverb (*can, could, might, should, must* usw.) stehen.

Jill was the first (one) | to visit | me in hospital.
| who visited |
Jill war die erste, die mich im Krankenhaus besucht hat. / Jill hat mich als erste … besucht.

Ed was the only one | not to pass | the exam.
| who didn't pass |
Ed war der einzige, der die Prüfung nicht bestanden hat. / Ed hat als einziger … nicht bestanden.

Nach *the first, the last, the next, the only* steht der *to*-Infinitiv anstelle eines **Relativsatzes**. Beachte, daß auf *the only* immer ein Nomen oder *one / ones* folgen muß.

A4: Unit 8 (S. 98)

74 **d) Der *to*-Infinitiv nach Fragewörtern**

Can anybody tell me | how to get | to the cinema?
| how I can get |
..., wie ich zum Kino kommen kann?

They didn't know | what to do.
| what they should do.
..., was sie tun sollten.

Der *to*-Infinitiv nach Fragewörtern (*how, what, when, where, which, who*) sowie nach *whether* (= ob) entspricht einem **Nebensatz** mit *can, could, might, should* oder *must*. Im Deutschen ist nur ein Nebensatz möglich.

A3: Unit 8 (S. 91)

Infinitiv mit *to*:

- **nach bestimmten Verben**
- **nach bestimmten Verben + Objekt**
- **anstelle eines Relativsatzes**
- **nach Fragewörtern**

Der Infinitiv ohne *to* (The infinitive without *to*)

Rev. 75 **a) Der Infinitiv ohne *to* nach Hilfsverben**

Julie can swim well. **You should work harder.** **I didn't hear you.**

Der Infinitiv ohne *to* steht nach den Hilfsverben *can/could, may/might, must, shall/should, will/would* sowie nach *do/does/did.*

76 **b) Der Infinitiv ohne *to* nach Verben der Wahrnehmung + Objekt**

	Verb	Object + infinitive	
I looked out of my window and	**saw**	**Sue cross**	**the road.**

(= I saw Sue walk across the road to the other side.)

I watched Sue cross the road, get into her car and drive away.

Nach Verben der Wahrnehmung wie *see, hear, notice, watch, feel* kann ein **Objekt + Infinitiv** (ohne *to*) stehen. Damit wird ausgedrückt, daß ein Vorgang vollständig (von Anfang bis Ende) wahrgenommen wird oder daß mehrere aufeinanderfolgende Vorgänge wahrgenommen werden.

K **Tom saw the robber enter the bank.**
Tom sah **den Räuber** in die Bank **gehen.**/
Tom sah, **daß der Räuber** in die Bank **ging.**

A4: Unit 8 (S. 97)

77 **c) Der Infinitiv ohne *to* nach *let* und *make* + Objekt**

	Verb	Object + infinitive	
Mrs Bell	**lets**	**Sandra stay up**	**till midnight at the weekend.**
But she	**doesn't let**	**her watch**	**late-night films on TV.**
She	**makes**	**her go**	**to bed at 9.30 during the week.**

Nach den Verben *let* und *make* kann ein **Objekt + Infinitiv** (ohne *to*) stehen.

K Deutsch *lassen*:

1. **Mrs Grey doesn't let her son smoke.** (= zulassen, erlauben)
2. **The clown really made us laugh.** (= veranlassen, jn. dazu bringen, zwingen)
3. **John left his hat on the bus.** (= zurücklassen, vergessen)
4. **Shall I leave the window open?** (= in einem bestimmten Zustand belassen)
5. **Let's talk about something else.** (= Laß uns/Laßt uns ...)

A4: Unit 8 (S. 97)

Die *-ing*-Form / Das Gerundium (The *-ing* form / The gerund)

78 Bildung (Form)

Infinitive	*-ing* form / Gerund
read	**reading**
write	**writing**
run	**running**
be	**being**

Wie du weißt, kann man von jedem Vollverb (einschließlich *be*) eine *-ing*-Form bilden. Bei bestimmten Funktionen im Satz wird die *-ing*-Form auch **Gerundium** *(gerund)* genannt.

79 Die *-ing*-Form als Subjekt (The *-ing* form as subject)

Smoking is bad for you.
Rauchen ist schädlich.

Collecting coins is one of Lynn's hobbies.
Münzensammeln ist eines von Lynns Hobbys.

Swimming in the sea can be dangerous.
Das Schwimmen im Meer kann gefährlich sein. / Im Meer zu schwimmen kann gefährlich sein.

Wie du siehst, kann die *-ing*-Form die Rolle eines Nomens übernehmen und **Subjekt** eines Satzes sein.

Wie ein Verb läßt sich die *-ing*-Form durch verschiedene Satzteile erweitern, z.B.
– durch ein Objekt: **Collecting *coins* ...**
– durch eine adverbiale Bestimmung: **Swimming *in the sea* ...**

A3: Unit 8 (S. 93)

80 Die *-ing*-Form als Objekt nach bestimmten Verben (The *-ing* form as object after certain verbs)

My sister enjoys watching horror films.
Meine Schwester sieht sehr gern Horrorfilme.

Have you finished tidying up your room?
Hast du dein Zimmer fertig aufgeräumt?

The children didn't mind playing in the rain.
Die Kinder hatten nichts dagegen, im Regen zu spielen. / Es machte den Kindern nichts aus, im Regen zu spielen.

Jenny, your homework has improved.

– I know, my dad has stopped helping me.

Nach bestimmten Verben steht die *-ing*-Form als **Objekt**. Zu diesen Verben gehören:

avoid vermeiden
carry on / go on weitermachen (mit)
dislike nicht mögen, nicht gern tun
enjoy sehr gern tun, genießen
finish beenden, aufhören (mit)
give up aufgeben, aufhören (mit)
imagine sich (etwas) vorstellen
keep weiter tun, weiter...
mind etwas dagegen haben
miss vermissen, versäumen
practise üben
risk wagen, riskieren
stop / quit aufhören (mit)
suggest vorschlagen

Diese Verben können statt einer *-ing*-Form auch ein Nomen nach sich haben:

Fiona enjoys	**folk songs.**
	singing.

K

Ruth avoided looking at me.
Ruth vermied es, mich **anzusehen**.

That man risks losing his job.
Dieser Mann riskiert, seine Stelle **zu verlieren**.

Stop talking.
Hör(t) auf **zu reden**!

Carl suggested going for a walk.
Carl schlug vor **spazierenzugehen**.

Anders als im Deutschen darf nach diesen Verben **kein** Infinitiv stehen.

⚠ **It started | raining. / to rain.** Es fing an zu regnen.

Nach folgenden Verben kannst du die *-ing*-Form **oder** den *to*-Infinitiv verwenden:

begin / start anfangen	**hate** sehr ungern tun	**love** sehr gern tun
continue weitermachen	**like** gern tun	**prefer** lieber tun, vorziehen

Beachte, daß nach *would like / would love / would hate / would prefer* immer der Infinitiv steht, also nur: **Would you like to come? – Yes, I'd love to (come).**

▷ Der *to*-Infinitiv nach bestimmten Verben: 71

A3: Unit 8 (S. 93); A4: Unit 7 (S.173)

Die *-ing*-Form nach Präpositionen (The *-ing* form after prepositions)

81 ### a) Adjektive / Nomen / Verben + Präposition + *-ing*-Form

Verben, die auf eine Präposition folgen, stehen in der *-ing*-Form. Die Präposition kann mit einem Adjektiv, Nomen oder Verb verbunden sein. Hier sind einige Beispiele:

- **Adjektiv + Präposition + *-ing*-Form**

I'm tired / sick of playing the piano.
Ich habe das Klavierspielen satt. / Ich habe es satt, Klavier zu spielen.

Ann is crazy about dancing.
Ann ist ganz verrückt aufs Tanzen.

Tom is afraid of going to the doctor's.
Tom hat Angst davor, zum Arzt zu gehen.

Are you interested in buying my computer?
Hast du Interesse, meinen Computer zu kaufen?

Sally and Carol are good at running.
Sally und Carol können gut rennen.

He's good at painting.

- **Nomen + Präposition + *-ing*-Form**

Is that a reason for staying away?
Ist das ein Grund zum Wegbleiben? /
Ist das ein Grund wegzubleiben?

The boat was in danger of sinking.
Das Boot war in Gefahr zu sinken.

What are the advantages of getting up early?
Was sind die Vorteile des Frühaufstehens?

They have no chance of catching the train.

- **Verb + Präposition + *-ing*-Form**

Vic apologized for being late.
Vic entschuldigte sich, daß er zu spät kam./
Vic entschuldigte sich wegen seines Zuspätkommens.

We decided against moving to Germany.
Wir entschieden uns gegen einen Umzug nach Deutschland.

I've always dreamed of being rich.
Ich habe immer davon geträumt, reich zu sein.

Sarah succeeded in getting the job.
Sarah schaffte es, die Stelle zu bekommen.

⚠ Vergleiche:
I look forward to seeing you.
Verb + Präp. + *-ing*-Form

I hope to see you.
Verb + *to*-Infinitiv

A4: Unit 7 (S. 84)

82 **b) Präposition + *-ing*-Form als adverbiale Bestimmung**

You can't make an omelette without breaking eggs. (Sprichwort)

Always check the tyres before going on a long journey.
before you go on a long journey.
..., bevor du eine lange Reise machst.

In spite of trying hard Jill always makes a lot of mistakes.
Obwohl sie sich anstrengt, .../
Trotz ihrer Anstrengungen ...

We started to walk instead of waiting for the bus.
..., anstatt auf den Bus zu warten.

You won't pass the exam without doing any work.
..., ohne zu arbeiten.

By saving all her pocket-money, Debbie could afford to buy herself a bike.
Indem sie ihr ganzes Taschengeld sparte, .../
Dadurch daß sie ihr ganzes Taschengeld sparte, ...

Auch ein Verb nach einer alleinstehenden Präposition (z.B. *after, before, in spite of, instead of, without, by*) steht in der *-ing*-Form. Im Deutschen verwenden wir für solche Fügungen aus Präposition + *-ing*-Form meist **Nebensätze** mit *nachdem, anstatt zu, ohne zu, indem, dadurch daß* usw. oder eine Fügung aus Präposition + Nomen *(trotz ihrer Anstrengungen)*.

A4: Unit 7 (S. 84)

Nach einer Präposition steht ein Verb immer in der *-ing*-Form.

Das Partizip (The participle)

83 Formen (Forms)

Es gibt zwei verschiedene Arten von Partizipien:

Present participle		Past participle	
washing	waschend	**washed**	gewaschen
writing	schreibend	**written**	geschrieben
singing	singend	**sung**	gesungen

Das *present participle* (Partizip Präsens) wird mit der Endung *-ing* gebildet. Es hat also dieselbe Form wie das Gerundium (▷ 78).

Das *past participle* (Partizip Perfekt) der regelmäßigen Verben wird mit der Endung *-ed* gebildet. Die unregelmäßigen Verben haben eigene Formen, oft mit *-en*.

84 Partizipien zur Bildung bestimmter Zeitformen (Participles used to form certain tenses)

It is raining.
What were you doing at 2 o'clock?
I have been waiting for two hours.

Das *present participle* dient zur Bildung der progressiven Zeitformen.

Dad has washed the dishes.
At that time Sue had already gone home.
This house was built ten years ago.

Das *past participle* dient zur Bildung des *present perfect* und des *past perfect* sowie des Passivs.

Partizipien vor einem Nomen (Participles used before a noun)

85 a) **It's best to let sleeping dogs lie.**
... schlafende Hunde ...

They escaped from the burning house.
... dem brennenden Haus.

Das *present participle* kann manchmal – wie ein Adjektiv – **vor** einem Nomen verwendet werden. Es hat **aktive** Bedeutung (*sleeping dogs* = Hunde, die schlafen).

The injured child was taken to hospital.
Das verletzte Kind ...

The police have found the stolen car.
... das gestohlene Auto ...

Das *past participle* kann ebenfalls wie ein Adjektiv **vor** einem Nomen verwendet werden. Es hat **passive** Bedeutung (*the injured child* = das Kind, das verletzt worden ist/war).

Einige Partizipien haben sich zu echten Adjektiven entwickelt, die auch gesteigert werden können, z.B.:

a boring programme,
the most exciting story,
a very interesting book

a worried man,
tired children,
a frightened animal

A4: Unit 4 (S. 43)

86 b) **Mrs Walton is a hard-working woman.**
... eine hart arbeitende Frau.

The plane is a time-saving invention.
... eine zeitersparende Erfindung.

Mrs Walton has a well-paid job.
... eine gutbezahlte Stelle.

I love home-made jam.
... selbstgemachte Marmelade.

Partizipien, die mit einem anderen Wort zusammengesetzt sind, werden wie normale Adjektive verwendet. Sie stehen **vor** dem dazugehörigen Nomen.

A4: Unit 4 (S. 43)

Partizipien nach einem Nomen (Participles used after a noun)

87 Present participle:

Do you know the girl | **wearing the blue pullover?**
| **who is wearing the blue pullover?**

Do you know another word | **meaning *difficult*?**
| **that means *difficult*?**

Past participle:

Machines | **produced in Germany** | **are exported to many countries.**
| **which are produced in Germany** |

The money | **stolen in the robbery** | **was never found.**
| **that was stolen in the robbery** |

Partizipien **nach** einem Nomen entsprechen einem **Relativsatz.** Ein *present participle* kann ein Relativpronomen und ein Verb im Aktiv ersetzen; ein *past participle* kann ein Relativpronomen und ein Verb im Passiv ersetzen. Meist sind nachgestellte Partizipien durch ein Objekt (z.B. *the blue pullover*) oder durch eine adverbiale Bestimmung (z.B. *in Germany*) erweitert.

K

Did you talk to the girl sitting by the window?
... mit **dem** am Fenster **sitzenden Mädchen** ...?

I didn't know any of the people invited to Peter's party.
... **der** zu Peters Party **eingeladenen Leute**.

Partizipien, die durch ein Satzglied erweitert sind, müssen nach dem Nomen stehen.

A4: Unit 4 (S. 43)

88 **R**

Do you like books | **written for teenagers?**
| **that are/were/have been written for teenagers?**

I didn't understand the people | **speaking French.**
| **who spoke/were speaking French.**

Partizipien können Sätze einfacher machen. Du brauchst nicht zwischen *tenses (are/were/have been written)* und *simple* oder *progressive forms (spoke/were speaking)* zu unterscheiden.

A4: Unit 4 (S. 43)

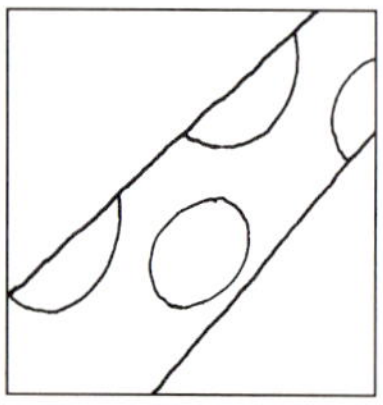

What's this?

– A giraffe walking past a window.

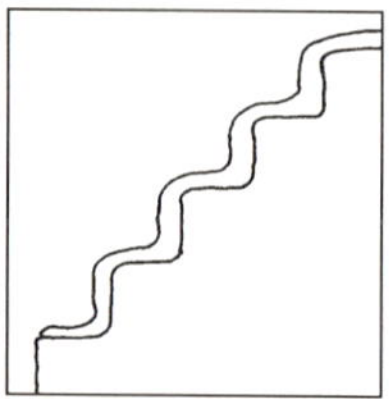

What's this?

– A snake going upstairs.

Frageanhängsel (Question tags)

89 Bildung (Form)

a) **Kevin is Irish, isn't he?**
The boys have arrived, haven't they?
Cindy can speak French, can't she?

Sue's parents live in York, don't they?
Tony likes pop music, doesn't he?
You saw Alice yesterday, didn't you?

Wenn der **Aussagesatz bejaht** ist, ist das ***question tag* verneint**:

Nach *be, have* oder Modalverb steht die verneinte Verbform (*isn't/haven't/can't* usw.) + Personalpronomen.

Nach einem Vollverb im *simple present* oder *simple past* steht *don't/doesn't/didn't* + Personalpronomen.

b) **Tina isn't working, is she?**
You can't cook very well, can you?

The shop doesn't sell records, does it?
The girls didn't help you, did they?

Wenn der **Aussagesatz verneint** ist, ist das ***question tag* bejaht**:

Nach verneintem *be, have* oder Modalverb steht die bejahte Verbform (*is/have/can* usw.) + Personalpronomen.

Nach *don't/doesn't/didn't* + Vollverb steht *do/does/did* + Personalpronomen.

A3: Unit 6 (S.65)

90 Gebrauch (Use)

Question tags werden sehr häufig in **Gesprächen** verwendet. Wir bitten damit unsere Gesprächspartnerin/unseren Gesprächspartner um eine Reaktion auf unsere Aussage.

It's very hot in here, isn't it? – Yes, it is. I'll open a window.
..., nicht wahr?

You don't like her, do you? – No, I don't. She's boring.
..., gell?

Wenn wir vom Gesprächspartner nur eine **Bestätigung unserer Aussage** erwarten, geht die **Stimme** am Ende des Satzes **nach unten** (wie bei einer Aussage). Diese Art der *question tags* kommt am häufigsten vor. Deutsch: ..., *nicht wahr?/nicht?/gell?/ja?*

R

The meeting is at six o'clock, isn't it? – No, I think it's at five.
..., oder?

You haven't seen Alan today, have you? – No, I'm afraid not. I think he's ill.
..., oder?

Wenn wir uns unsicher sind und den Gesprächspartner fragen wollen, ob unsere Aussage stimmt, geht die Stimme am Ende des Satzes nach oben (wie bei einer Entscheidungsfrage). Deutsch: ..., *oder?/oder nicht?/ja?*

Aussagesatz bejaht (+) ▸ *Question tag* verneint (-)
Aussagesatz verneint (-) ▸ *Question tag* bejaht (+)

A3: Unit 6 (S. 65)

Kurzformen (Short forms)

am / is / are, have / has / had, will / would sowie *not* werden oft verkürzt und mit dem vorhergehenden Wort verbunden. Beim Schreiben steht ein Apostroph (') anstelle fehlender Buchstaben.

91 Kurzformen bei positiven Aussagen (Short forms in positive sentences)

- ***be***

'm	= am	I'm
's*	= is	he's / she's / it's / that's (who's, what's, when's, how's, here's, there's)
're	= are	you're / we're / they're

- ***have***

've	= have	I've / you've / we've / they've
's*	= has	he's / she's / it's / that's (who's, what's)
'd	= had	I'd / you'd / he'd / she'd / ...

⚠ Die Kurzformen von *have* werden nicht verwendet, wenn *have* Vollverb ist, z.B.: **She has lunch at school.**

- ***will / would***

'll	= will	I'll / you'll / he'll / she'll / ...
'd	= would	I'd / you'd / he'd / she'd / ...

⚠ *'s* kann *is* oder *has*, *'d* kann *would* oder *had* sein:

She's popular.	**= She is ...**	**She's got a lot of friends.**	**= She has ...**
Who's speaking?	**= Who is ...?**	**Who's arrived?**	**= Who has ...?**
I'd like to go.	**= I would ...**	**After I'd been to York ...**	**= After I had been ...**

A4: Unit 1 (S. 147)

Keine Kurzformen am Satzende, weil das Verb in dieser Stellung betont ist:

Are you hungry? – Yes, I am. (Nicht: **Yes, ~~I'm~~.**)
Do you know where she is? (Nicht: **Do you know where ~~she's~~?**)

92 Kurzformen bei Verneinungen (Short forms in negative sentences)

isn't	= is not	haven't	= have not	wouldn't	= would not
aren't	= are not	hasn't	= has not	shouldn't	= should not
wasn't	= was not	hadn't	= had not	oughtn't to	= ought not to
weren't	= were not	can't	= cannot	mightn't	= might not
don't	= do not	couldn't	= could not	mustn't	= must not
doesn't	= does not	won't	= will not	needn't	= need not
didn't	= did not	shan't	= shall not		

93 Gebrauch (Use)

Du verwendest Kurzformen beim Sprechen, oder wenn du **gesprochene** Sprache schriftlich wiedergeben willst, z.B. bei der Aufzeichnung von Gesprächen. Kurzformen benutzt man auch in **informellen** Texten, also in Texten, die ungezwungen klingen sollen (z.B. Privatbriefe oder Werbetexte).

* Nach Eigennamen und Nomen wird im Lehrwerk *English G* nur die Langform verwendet:
Peter *is* sad because his dog *has* died.

Das Nomen (The noun)

Rev.

Der Plural der Nomen (The plural of nouns)

94 Regelmäßige Pluralbildung (Regular plurals)

Singular	Plural
coat	**coats** [-s]
dog	**dogs** [-z]
tree	**trees** [-z]
bus [-s]	**buses** [-ɪz]
bush [-ʃ]	**bushes** [-ɪz]

Du bildest den Plural der Nomen durch Anhängen von *-s* an den Singular.

Nach einem Zischlaut wie [s], [z] oder [ʃ] ist die Pluralendung *-es*.

95 Unregelmäßige Pluralformen (Irregular plurals)

Singular	Plural
1. **half**	**halves** [-vz]
knife	**knives**
leaf	**leaves**
life	**lives**
loaf	**loaves**
shelf	**shelves**
thief	**thieves**
wife	**wives**
wolf	**wolves**
2. **hero**	**heroes**
potato	**potatoes**
tomato	**tomatoes**
3. **child**	**children**
man [mæn]	**men** [men]
postman ['-mən]	**postmen** ['-mən]
woman ['wʊmən]	**women** ['wɪmɪn]
foot	**feet**
tooth	**teeth**
mouse	**mice**
4. **fish**	**fish**
sheep	**sheep**
hovercraft	**hovercraft**

1. Nomen auf *-f* oder *-fe* bilden den Plural meist auf *-ves*.
Aber regelmäßig:
chiefs, cliffs, roofs

2. Einige Nomen auf *-o* bilden den Plural auf *-es*.
Aber regelmäßig:
discos, kilos, photos, pianos, radios, videos

3. Eine Reihe von Nomen hat eine besondere Pluralform ohne *-s*.

> ⚠ Zwei Pluralformen:
> **a penny – ten pence / pennies**
> - *ten pence (= 10p)* ist eine Summe.
> - *ten pennies* heißt: zehn Einpennymünzen.

4. Einige Nomen haben im Singular und Plural dieselbe Form.

one mouse

two mice

three mice

Besonderheiten bei der Verwendung des Singulars und des Plurals (Particular uses of singular and plural nouns)

96 „Paarwörter" (Pair nouns)

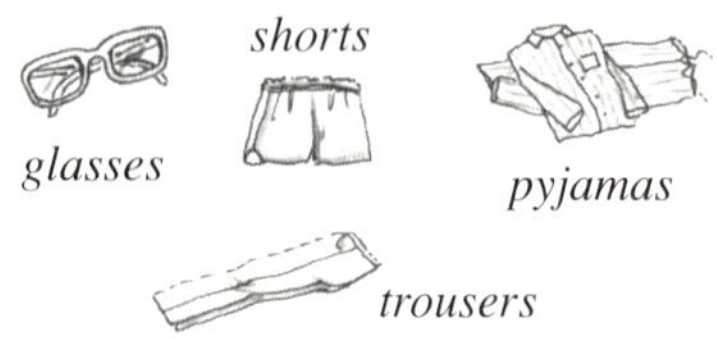

These trousers are nice. Where did you buy them?
Diese Hose ist hübsch. Wo hast du sie gekauft?

I can't find my glasses. Have you seen them anywhere?
Ich kann meine Brille nicht finden. Hast du sie irgendwo gesehen?

„Paarwörter" *(pair nouns)* bezeichnen Dinge, die aus zwei gleichen Teilen bestehen. Sie werden daher **immer im Plural** gebraucht und dürfen nicht mit *a/an* oder *one, two, three* usw. verbunden werden. Zu den *pair nouns* gehören: *trousers, jeans, shorts, pyjamas, glasses.*
Wenn du eine bestimmte Anzahl von Hosen, Brillen usw. bezeichnen willst, mußt du *a/one pair of* bzw. *two/three/several pairs of* vor das entsprechende Paarwort setzen:

I've only got one pair of clean trousers.
Ich habe nur eine saubere Hose.

Luckily I've got two pairs of glasses.
Zum Glück habe ich zwei Brillen.

97 Nomen, die nur im Singular stehen (Singular nouns)

Pat's advice is always very useful.
Pats Rat ist/Pats Ratschläge sind immer sehr nützlich.

Much damage was caused by the flood.
Durch das Hochwasser wurde großer Schaden/wurden große Schäden verursacht.

This new furniture is very nice.
Diese neuen Möbel sind sehr hübsch.

I think Roger's hair is too long.
Ich glaube, Rogers Haare sind/Rogers Haar ist zu lang.

That's too much homework.
Das sind zu viele Hausaufgaben.

I need as much information as possible.
Ich brauche möglichst viele Informationen.

Sandra's knowledge of physics is good.
Sandras Kenntnisse in Physik sind gut.

⚠ **Bad news travels fast.**
Eine schlechte Nachricht verbreitet/Schlechte Nachrichten verbreiten sich schnell.
news ist trotz des *-s* Singular.

Die Nomen *advice, damage, furniture, hair, homework, information, knowledge* und *news* sind **nicht zählbar**, d.h., sie haben keinen Plural, und das zugehörige Verb steht **immer im Singular**. Sie dürfen nicht mit *a/an* oder *one, two, three* usw. verbunden werden.
Die deutschen Entsprechungen stehen meist im Plural.

A3: Unit 5 (S. 166)

98 Nomen, die nur im Plural stehen (Plural nouns)

Clothes are quite expensive here.
Kleidung ist hier ziemlich teuer.

The city's outskirts are very beautiful.
Die Außenbezirke der Stadt sind sehr schön.

These stairs aren't very safe.
Diese Treppe ist/Diese Treppen sind nicht sehr sicher.

Die Nomen *clothes, outskirts* und *stairs* treten **nur im Plural** auf.
Die deutschen Entsprechungen stehen aber meist im Singular.

⚠ **The police have caught the thief.**
Die Polizei **hat** den Dieb gefaßt.

Auch nach *police* steht das Verb immer im **Plural**.

The USA is a very big country.
Die USA **sind** ein sehr großes Land.

Die Pluralform *USA* steht mit einem Verb im **Singular**.

A3: Unit 6 (S. 168)

s-Genitiv und *of*-Fügung (Possessive form and *of*-phrase)

Rev. 99 *s*-Genitiv und *of*-Fügung im Vergleich (Possessive form and *of*-phrase in contrast)

Possessive form	*of*-phrase
Can you tell me the woman's name? ... den Namen **der Frau** ...?	**Can you tell me the name of the street?** ... den Namen **der Straße** ...?
Green is my brother's favourite colour. ... die Lieblingsfarbe **meines Bruders**.	**Do you like the colour of my room?** ... die Farbe **meines Zimmers**?
Du verwendest den *s*-Genitiv bei Personen.	Du verwendest die *of*-Fügung bei Sachen.

Erinnere dich an die Bildung des *s*-Genitivs:

Singular + *'s*	▶	my sister's teacher
Plural auf -*(e)s* + *'*	▶	my brothers' teacher
Plural nicht auf -*(e)s* + *'s*	▶	our children's teacher

Der *s*-Genitiv in Orts- und Zeitangaben
(The possessive form in phrases of place and time)

100 a) **Is there a butcher's (shop) near here?**
... ein Fleischer/eine Fleischerei ...?

I bought these rolls at the baker's.
... beim Bäcker.

We met at Megan's (house).
... bei Megan (zu Hause).

I saw Liz at the Walkers'.
... bei den Walkers (zu Hause).

Bei Bezeichnungen von Geschäften sowie Häusern oder Wohnungen von Bekannten wird normalerweise das Nomen nach dem *s*-Genitiv (z.B. *shop*, *house*) weggelassen.
Merke auch: **I have to go to the doctor's.** ... zum Arzt ...

A3: Unit 6 (S. 171)

101 b) **Last week's football match was really exciting, wasn't it?**
Das Fußballspiel (in) der letzten Woche ...

There was a funny story in yesterday's paper.
... in der gestrigen Zeitung/der Zeitung von gestern.

I get five weeks' holiday a year.
... fünf Wochen Urlaub ...

Zeitangaben vor einem Nomen stehen in der Regel im *s*-Genitiv

Rev. 102 *of* in Mengenangaben (*of* in phrases of quantity)

two kilos of sugar zwei Kilo Zucker	**a pound of apples** ein Pfund Äpfel	**ten metres of rope** zehn Meter Seil	**a piece of chalk** ein Stück Kreide
a bottle of wine eine Flasche Wein	**a box of nails** eine Schachtel Nägel	**a packet of biscuits** eine Packung Kekse	**a tin of beans** eine Dose Bohnen

Die *of*-Fügung wird bei Maßen, Mengenangaben und Behältnissen verwendet.

A3: Unit 6 (S. 169)

Der Artikel (The article)

In sehr vielen Fällen werden der bestimmte und der unbestimmte Artikel wie im Deutschen verwendet. Es gibt aber einige Besonderheiten, die man kennen muß.

Der bestimmte Artikel (The definite article)

103 *the* bei abstrakten Nomen, Stoffnamen und zählbaren Nomen im Plural (*the* with abstract nouns, material nouns and plural countable nouns)

a) **How did life begin?**
... das Leben?

Have there been many wars in recent history?
... in der neueren Geschichte ...?

b) **Oil is quite cheap this year.**
(Das) Öl ...

Water is turned into ice by freezing.
Wasser ...

c) **Children like playing football.**
Kinder ...

I like reading books.
... Bücher.

We read about the life *of Robin Hood.*
... das Leben von Robin Hood.

The history *of the Romans* is fascinating.
Die Geschichte der Römer ...

The oil *we bought last year* was expensive.
Das Öl, das wir letztes Jahr gekauft haben, ...

The water *in our town* isn't polluted.
Das Wasser in unserer Stadt ...

The children *in our street* are very noisy.
Die Kinder in unserer Straße ...

The books *you gave me* were boring.
Die Bücher, die du mir gegeben hast, ...

a) **Abstrakte Nomen** (z.B. *life, history, pollution, noise, unemployment*),
b) **Stoffnamen** (z.B. *oil, water, sand, coal, wax*),
c) **zählbare Nomen im Plural** (z.B. *children, people, books, animals*) ...

... stehen **ohne** bestimmten Artikel, wenn sie **ganz allgemein gebraucht** werden (auch wenn ihnen ein Adjektiv vorangeht).

... stehen **mit** bestimmtem Artikel, wenn sie **näher bestimmt** sind, meist durch eine *of-phrase* oder einen Relativsatz.

A4: Unit 2 (S. 19)

104 *the* bei Namen (*the* with names)

a) **Liz is very good at hockey.**
(Die) Liz ...

Have you seen little Jimmy?
... den kleinen Jimmy ...?

b) **to Wales/Switzerland, on Ben Nevis,**
nach Wales/in die Schweiz, auf dem Ben Nevis,

near Lake Constance
in der Nähe des Bodensees

c) **in Oxford Street, on Broadway,**
in der Oxford Street, am Broadway,

around Trafalgar Square, in Hyde Park,
um den Trafalgar Square, im Hyde Park,

over Tower Bridge
über die Tower Bridge

The Donovans came from Ireland.
(Die) Donovans ...

to the USA, in the Rocky Mountains,
in die USA, in den Rocky Mountains,

along the Rhine, in the Pacific (Ocean)
den Rhein entlang, im Pazifischen Ozean

Ohne bestimmten Artikel stehen:
a) **Personennamen** im **Singular** (auch wenn ihnen ein Adjektiv vorangeht),
b) die meisten **geographischen Namen**,
c) die meisten Namen von **Straßen**, **Plätzen** und **Brücken**.

Mit bestimmtem Artikel stehen:
a) **Familiennamen** im **Plural**,
b) einige **geographische Namen**.

Einige **Gebäudenamen** stehen **ohne** bestimmten Artikel (z.B. *to Buckingham Palace*, *next to St Paul's Cathedral*), andere stehen **mit** bestimmtem Artikel (z.B. *near the Tower of London*, *in the White House*, außerdem Namen von Museen, Theatern, Kinos und Hotels).

A4: Unit 2 (S. 19)

105 *the* bei *church*, *school*, *prison* usw. (*the* with *church*, *school*, *prison*, etc.)

My parents have gone to church.
... in die Kirche ...

Janet went to school in York.
... zur Schule ...

The thief went to prison
... ins Gefängnis ...
for two years.

This is a very good photo of the church.
... von der Kirche.

Go up to the school and turn left.
... bis zur Schule ...

His friend went to the prison
... zum Gefängnis ...
to visit him.

Ohne bestimmten Artikel stehen:
church, *school*, *university*, *hospital*, *prison*, wenn man an den **Zweck des Gebäudes** denkt: *go to church* (zum Gottesdienst), *go to school* (in den Unterricht), *go to prison* (um eine Strafe zu verbüßen).

Mit bestimmtem Artikel stehen:
church, *school*, *university*, *hospital*, *prison*, wenn man nur an den **Ort** oder das **Bauwerk** denkt: *the church* (eine bestimmte Kirche in einem Ort), *the school* (ein bestimmtes Schulgebäude), *the prison* (ein bestimmtes Gefängnis).

A4: Unit 2 (S. 19)

106 *all*, *both*, *double*, *half*, *most of*, *twice* + *the*

all the time
die ganze Zeit

both (the) books
beide Bücher

double the size
die doppelte Größe

half the fruit
die Hälfte des Obstes

most of the girls
die meisten Mädchen

twice the amount
die doppelte Menge

Bei *all*, *both*, *double*, *half*, *most of* und *twice* wird der bestimmte Artikel – anders als bei den deutschen Entsprechungen – **nachgestellt**.

⚠ **All babies cry.**
Alle Babys schreien.

All (of) the babies ***in the waiting-room*** **were crying.**
Alle Babys im Wartezimmer schrien.

Most babies cry.
Die meisten Babys schreien.

Most of the babies ***in the waiting-room*** **were crying.**
Die meisten Babys im Wartezimmer schrien.

Mit *all* und *most* wird der bestimmte Artikel nur dann benutzt, wenn das folgende Nomen näher bestimmt ist *(the babies in the waiting-room)*.

Der unbestimmte Artikel (The indefinite article)

107 *a/an* vor Angaben zu Beruf und Nationalität sowie nach *as* (*a/an* before jobs and nationalities and after *as*)

My sister wants to become a doctor.
... möchte Ärztin werden.

Winston Churchill was an Englishman.
... war Engländer.

I used my shoe as a hammer.
... als Hammer.

Der unbestimmte Artikel *a/an* steht – anders als im Deutschen –
- vor Angaben zu **Beruf** und **Nationalität**,
- nach ***as*** (= als).

Lucy's father works as an engineer.

⚠ Statt *a/an* + Nomen wird zur Bezeichnung von Nationalitäten oft das entsprechende Adjektiv (ohne Artikel!) verwendet:
Winston Churchill was English.

A4: Unit 4 (S. 44)

108 *a/an* in der Bedeutung *pro* (*a/an* meaning *per*)

We sell 80 computers a month.
... pro/im Monat.

Our car does 130 miles an hour.
... pro/in der Stunde.

These apples are only 90 cents a kilo.
... pro/das Kilo.

Der unbestimmte Artikel *a/an* steht in der Bedeutung *pro* vor **Zeit-, Maß- und Mengenangaben**.

A4: Unit 4 (S. 44)

109 *half, quite, such + a/an*

half a bottle of milk eine halbe Flasche Milch	**quite an interesting match** ein ziemlich interessantes Spiel	**such a fool** so ein Dummkopf

Bei *half, quite* und *such* wird *a/an* **nachgestellt**.

A4: Unit 4 (S. 157)

110 Einige Redewendungen mit *a* (Some phrases with *a*)

I've got a headache/a cold/a temperature.	Ich habe Kopfschmerzen/Schnupfen/Fieber.
I can't talk to you now. I'm in a hurry.	in Eile
I think I'll have a wash/a bath/a shower.	..., ich werde mich waschen/baden/duschen.
Please come in and take a seat.	... nehmen Sie Platz.
That old house has been empty for a long time.	seit langer Zeit, lange Zeit
"Don't shout at me," she cried in a loud voice.	mit lauter Stimme
You can't work for ten hours without a break.	ohne Pause, ohne Unterbrechung
A hundred/A thousand people took part.	Hundert/Tausend Leute ...

Adjektiv und Adverb (Adjective and adverb)

Das Adjektiv (The adjective)

111 Gebrauch (Use)

Peter's bike is new.

Susan will get a new bike for her birthday.

Adjektive werden verwendet, um **Eigenschaften** oder Merkmale einer Person oder Sache zu beschreiben.

112 Steigerung (Comparison)

		Comparative	Superlative
a)	**clean**	**cleaner**	**cleanest**
	nice	**nicer**	**nicest**
	big	**bigger**	**biggest**
	happy	**happier**	**happiest**
b)	**useful**	**more useful**	**most useful**
	famous	**more famous**	**most famous**
	exciting	**more exciting**	**most exciting**
	difficult	**more difficult**	**most difficult**
	impatient	**more impatient**	**most impatient**
c)	**good**	**better**	**best**
	bad	**worse** [wɜːs]	**worst** [wɜːst]
	much/many	**more**	**most**
	(a) little	**less**	**least**

Steigerung mit ***-er/-est***:
- **einsilbige** Adjektive
- **zweisilbige** Adjektive **auf *-y***

Steigerung mit ***more/most***:
- **zweisilbige** Adjektive, die **nicht auf *-y*** enden
- Adjektive mit **drei und mehr Silben**

Unregelmäßige Steigerungsformen:
- ***good, bad***
- ***much/many, (a) little***

⚠ ***farther/further – nearest/next – latest/last***

Is Oxford farther/further than Leeds? weiter = weiter entfernt
Are there any further questions? weiter = zusätzlich, noch

The nearest bus stop is just round the corner. nächste = nächstgelegene Haltestelle (räumlich)

We get off at the next bus stop. nächste = nächstfolgende Haltestelle (Reihenfolge)

Angela Doyle's latest book is a great success. letztes = neuestes Buch
I like it better than her last one. letztes = voriges Buch
I hope it won't be her last one. letztes = endgültig letztes, allerletztes Buch

A3: Unit 8 (S. 99)

113 Das Adjektiv in Vergleichen (The adjective in comparisons)

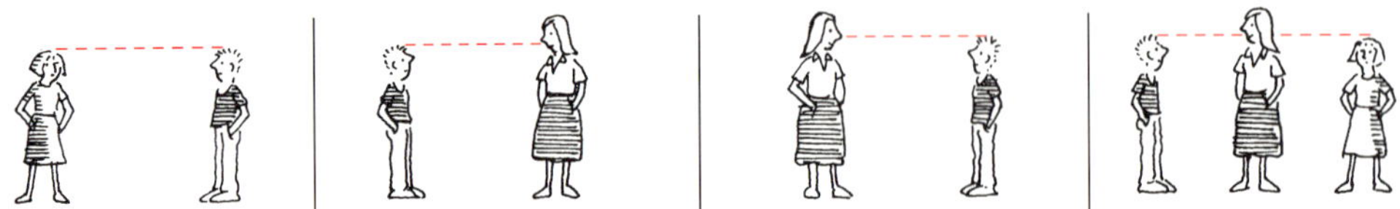

Eve is as tall as Bob. ... so groß wie ...	**Bob is not as tall as Sue.** ... nicht so groß wie ...	**Sue is taller than Bob.** ... größer als ...	**Sue is the tallest.** ... die größte/am größten.

Merke auch: **Sue is getting taller and taller.**
... immer größer.

> ⚠ **Jenny is older than me.** ... als **ich**. **I'm two years younger than her.** ... als **sie**.
>
> Personalpronomen nach *than* stehen meist in der **Objektform**.

▷ Das Adverb in Vergleichen: 117

Das Adverb (The adverb)

114 Formen (Forms)

Es gibt verschiedene Arten von Adverbien:

- **always, often, soon, today, here, perhaps** ▸ „**ursprüngliche**" Adverbien (= Adverbien, die **nicht** von einer anderen Wortart **abgeleitet** sind)
- **fast, hard, late, early, long** ▸ Adverbien, die **dieselbe Form wie Adjektive** haben
- **nervously, usually, happily, simply** ▸ Adverbien, die **von Adjektiven abgeleitet** sind (durch Anhängen der Nachsilbe *-ly*)

K **Mrs Bell always drives carefully.**
Mrs Bell fährt immer **vorsichtig**.

She's especially careful when the roads are icy.
Sie ist besonders **vorsichtig**, ...

Im Deutschen haben Adverbien der Art und Weise und Adjektive dieselbe Form.

Rev. 115 Gebrauch (Use)

Du weißt bereits, daß sich Adverbien auf ein **Verb** beziehen können. Sie drücken aus, **wie** etwas geschieht:

You played terribly yesterday.

Adverbien können sich aber auch auf ein **Adjektiv** oder ein anderes **Adverb** beziehen:

It was terribly cold last night. **Jane sings unbelievably well.**

▷ Stellung der Adverbien: 9-11

Rev. 116 Steigerung (Comparison)

		Comparative	Superlative
a)	**fast** **soon** bald **early**	**faster** **sooner** eher **earlier**	**fastest** **soonest** am frühesten **earliest**
b)	**quickly** **carefully** **often**	**more quickly** **more carefully** **more often**	**most quickly** **most carefully** **most often**
c)	**well** **badly** **much** **little**	**better** **worse** **more** **less**	**best** **worst** **most** **least**

Steigerung mit ***-er*/*-est***:
- **einsilbige** Adverbien
- ***early***

Steigerung mit ***more*/*most***:
- Adverbien auf ***-ly*** (bis auf *early*)
- andere **mehrsilbige** Adverbien

Unregelmäßige Steigerungsformen:
- ***well, badly***
- (*talk, read* usw.) ***much, little***

Rev. 117 Das Adverb in Vergleichen (The adverb in comparisons)

Tina can run as fast as Ken.
... so schnell wie ...

Ken can't run as fast as Liz.
... nicht so schnell wie ...

Liz can run faster than Ken.
... schneller als ...

Liz can run fastest.
... am schnellsten ...

▷ Das Adjektiv in Vergleichen: 113

118 Adverb oder Adjektiv? (Adverb or adjective?)

Wie du weißt, werden nach Verben gewöhnlich Adverbien verwendet, um auszudrücken, wie etwas geschieht, z.B.: **Everybody was talking excitedly.**

Es gibt aber Verben, die nicht Tätigkeiten, sondern **Eigenschaften** oder **Zustände** beschreiben und daher durch *be* ersetzt werden können. Nach diesen Verben stehen **Adjektive**:

Everybody felt excited.
(Vergleiche: **Everybody *was* excited.**)

This new lemonade tastes great.
(Vergleiche: **This new lemonade *is* great.**)

Die wichtigsten Verben, nach denen Adjektive stehen, sind:

be sein
look aussehen
appear (zu sein) scheinen
seem (zu sein) scheinen

sound klingen
feel sich (an)fühlen
smell riechen
taste schmecken

stay bleiben
become werden
get werden

⚠ *look* kann sowohl eine Tätigkeit als auch eine Eigenschaft beschreiben. Vergleiche:

Adverb	Adjective
The teacher looked angrily at her pupils. Die Lehrerin sah ihre Schüler und Schülerinnen wütend an.	**The teacher looked angry.** Die Lehrerin sah wütend aus.

A3: Unit 6 (S.71)

Mengenbezeichnungen (Quantifiers)

some, any und ihre Zusammensetzungen (*some, any* and their compounds)

Rev. 119 **a) There's some** [səm] **tea left.** / **There are some** [səm] **biscuits left.**
... etwas Tee ... ... einige, ein paar Kekse ...

You can have some [sʌm] **if you want.**
... etwas / einige, ein paar ...

– Thanks, but I don't want any (tea/biscuits) at the moment.
... keinen (Tee)/keine (Kekse) ...

Is there any coffee left? / **Are there any sweets left?**
... (etwas) Kaffee ...? ... Bonbons ...?

Can you see anybody?
... irgend jemand ...?

– No, I can't see anybody, but I'm sure somebody was here a minute ago.
... niemand ... ... jemand ...

- *some, somebody/-one, something, somewhere* werden vor allem **in bejahten Aussagesätzen** verwendet.
- *any, anybody/-one, anything, anywhere* werden vor allem **in verneinten Aussagesätzen** und **in Fragen** verwendet.
- *some* und *any* werden mit nicht-zählbaren **Nomen im Singular** (z.B. *tea, coffee*) und mit zählbaren **Nomen im Plural** (z.B. *biscuits, sweets*) verwendet.

▷ *any* (= irgendein beliebiger) in bejahten Aussagesätzen: 123

120 **b)**

Wenn wir mit einer Frage etwas **anbieten** oder **um etwas bitten**, verwenden wir *some, somebody* usw. (und nicht *any*).

A3: Unit 4 (S. 162)

121 *a lot of/lots of – much/many – (a) little/(a) few*

We've got a lot of/lots of butter.
... viel Butter.

But there's very little sugar left.
... wenig Zucker ...

Can you lend us a little sugar?
... ein bißchen Zucker ...?

– How much sugar do you need?
Wieviel Zucker ...?

We've got a lot of/lots of apples.
... viele Äpfel.

But there are very few eggs left.
... wenig(e) Eier ...

Can you lend us a few eggs?
... ein paar Eier ...?

– How many eggs do you need?
Wie viele/Wieviel Eier ...?

a lot of/lots of wird mit nicht-zählbaren Nomen im Singular **und** mit zählbaren Nomen im Plural verwendet.

(a) little und *(how) much* werden **nur** mit nicht-zählbaren Nomen im Singular verwendet.

(a) few und *(how) many* werden **nur** mit zählbaren Nomen im Plural verwendet.

jeder

122 every, everybody/everyone, each

Every child likes going to the cinema. ▶ jedes Kind = alle Kinder, Kinder im allgemeinen

Everybody/Everyone likes going to the cinema. ▶ *everybody/everyone* = jede(r), alle ohne Ausnahme

⚠ **Every/Each child got a free ticket for the cinema.** ▶ jedes Kind aus einer bestimmten Gruppe von Kindern

every und *each* sind oft austauschbar, der Bedeutungsunterschied ist gering: *each* wird vorgezogen, wenn man nicht so sehr an die Gruppe als Ganzes denkt (= alle Kinder dieser Gruppe), sondern eher an **jedes einzelne** Mitglied der Gruppe (= jedes Kind für sich betrachtet).

Each of the children wanted to see a different film.
The children/They each wanted to see a different film.

Im Gegensatz zu *every*
- kann *each* vor einer *of-phrase* stehen,
- kann *each* sich auf ein vorangehendes Nomen oder Pronomen beziehen.

A3: Unit 1 (S. 146)

123 any, anybody/anyone

The cinema is empty. You can have any seat you like.
You can go to any of these cinemas. They're all showing the same film. ▶ *any* (in bejahten Aussagesätzen) = jede(r,s) beliebige, irgendeine(r,s)

Anybody/Anyone will be able to tell you where the cinema is. ▶ *anybody/anyone* = jede(r), jede beliebige Person

A4: Unit 4 (S. 159)

124 keiner

Nobody/No one visited the old woman for over a week. ▶ *nobody/no one* = niemand, keiner

None of her neighbours visited her. ▶ *none of* + Nomen/Pronomen = keine(r,s) (von mehreren)

Neither of her two sons visited her. ▶ *neither of* + Nomen/Pronomen = keine(r,s) (von zweien)

In fact, she had no visitors at all. ▶ *no* + Nomen = kein(e) + Nomen

⚠ **Where's the butter? – There's none left. (= There's no butter left.)**
Which do you prefer, the red or the black hat? – Neither (of the two).

none und *neither* können sich im Gegensatz zu *no* auch auf ein vorangehendes Nomen beziehen und stehen dann allein, d.h. ohne anschließendes Nomen.

Die Pronomen (The pronouns)

Rev. 125 Übersicht (Summary)

Es gibt verschiedene Arten von Pronomen. Du kennst bereits
- **Personalpronomen** *(personal pronouns): she, they, him, us, ...*
- **Possessivpronomen** *(possessive adjectives/pronouns): my, your, ... / mine, yours, ...*
- **Demonstrativpronomen** *(demonstrative pronouns): this/these, that/those.*

Oft werden auch die Fragewörter *who, whose, which, what* als Pronomen bezeichnet.

▷ Relativpronomen: 145

Die Pronomen auf *-self/-selves* als Reflexivpronomen (The *-self/-selves*-pronouns as reflexive pronouns)

126 Formen (Forms)

Singular				Plural			
myself	[-'self]	(ich)	mir/mich	**ourselves**	[-'selvz]	(wir)	uns
yourself		(du)	dir/dich	**yourselves**		(ihr)	euch
himself		(er)	sich	**themselves**		(sie)	sich
herself		(sie)	sich				
itself		(es)	sich				

Zu *one* (= man) gibt es das Reflexivpronomen *oneself* (= sich). Es wird oft zur Angabe des Infinitivs von reflexiven Verben verwendet: *(to) teach oneself sth.* (= sich etwas beibringen).

A3: Unit 4 (S. 44; S.158)

Gebrauch (Use)

127 **I'm teaching myself French.**
Ich bringe **mir** Französisch bei.

John fell and hurt himself.
John fiel hin und verletzte **sich**.

Have you two washed yourselves?
Habt ihr zwei **euch** gewaschen?

Some people think only of themselves.
Einige Menschen denken nur an **sich**.

Wie die Beispiele zeigen, bezieht sich das Reflexivpronomen auf das Subjekt des Satzes (*I, John* usw.), es ist **rückbezüglich** (= reflexiv). Es bezeichnet dieselbe Person (oder Sache) wie das Subjekt. Vergleiche:

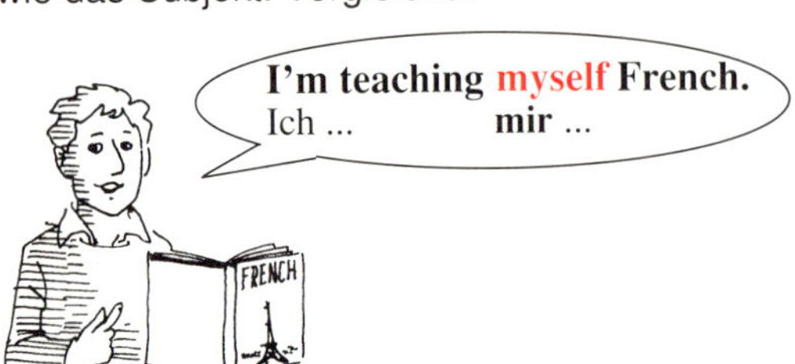

▸ Reflexivpronomen

▸ Personalpronomen

Merke dir die Wendungen:

Enjoy yourself / yourselves.
Viel Spaß! Amüsier dich gut! / Amüsiert euch gut!

Help yourself / yourselves.
Greif zu! Bediene dich! / Greift zu! Bedient euch!

K

Do you remember where we put the key?
Erinnerst du **dich**, ... ?

I don't feel well.
Ich fühle **mich** nicht wohl.

Vielen im Deutschen reflexiven Verben entsprechen englische Verben **ohne Reflexivpronomen**, z.B.:

apologize sich entschuldigen
argue sich streiten
change sich (ver)ändern
complain sich beschweren
feel sich fühlen
hide sich verstecken
hurry (up) sich beeilen
imagine sich vorstellen, sich einbilden
lie down sich hinlegen
look forward to sich freuen auf
meet sich treffen
move sich bewegen
open sich öffnen
relax sich entspannen
remember sich erinnern
sit down sich setzen
turn round sich umdrehen
wonder sich fragen

A3: Unit 4 (S. 44)

128 ⚠ Reflexivpronomen oder *each other*?

The girls are smiling at themselves.
Die Mädchen lächeln **sich** (= **sich selbst**) an.

The girls are smiling at each other.
Die Mädchen lächeln **sich** (= **sich gegenseitig, einander**) an.

each other bedeutet *uns / euch / sich gegenseitig* oder *einander*. A3: Unit 4 (S. 44)

129 Die Pronomen auf *-self*/*-selves* als verstärkende Pronomen (The *-self*/*-selves*-pronouns as emphasizing pronouns)

The Queen herself opened the meeting.
The Queen opened the meeting herself.
Die Königin **selbst** hat die Versammlung eröffnet. /
Die Königin hat die Versammlung **selbst** eröffnet.

Can you tell me the way to the station?
– I'm sorry, I'm a stranger here myself.
– Leider nein, ich bin hier **selbst** fremd.

We spoke to the mayor himself.
Wir haben mit dem Bürgermeister **selbst** gesprochen.

Mr Black is a real "do-it-yourself" fan.

herself, myself, himself stehen hier als **verstärkende Pronomen**. Sie **heben** ein Nomen *(Queen, mayor)* oder Pronomen *(I)* besonders **hervor** und werden im Deutschen mit *selbst, selber* wiedergegeben. Verstärkende Pronomen stehen in der Regel **hinter** dem Wort, das hervorgehoben werden soll. Wenn jedoch das Subjekt des Satzes hervorgehoben werden soll, können sie auch ans Satzende treten.
Im Gegensatz zu den Reflexivpronomen werden verstärkende Pronomen immer **betont**.

A3: Unit 4 (S. 44)

Präpositionen (Prepositions)

130 Bedeutung und Gebrauch (Meaning and use)

a) Präpositionen (Verhältniswörter) geben Beziehungen zwischen Personen, Dingen usw. an. Je nach Art der Beziehung lassen sich die Präpositionen einteilen in
- Präpositionen des Ortes und der Richtung: **above, between; into, through, ...**
- Präpositionen der Zeit: **after, before, during, in, ...**
- Sonstige Präpositionen: **about, because of, like, without, ...**

Oft kann eine Präposition verschiedene Beziehungen ausdrücken, z.B.:
- **on the table** — auf dem Tisch ▶ Ort
- **on Tuesday** — am Dienstag ▶ Zeit
- **(questions) on the text** — (Fragen) zum Text ▶ Sonstige Beziehung

b) Präpositionen können mit anderen Wörtern verbunden sein und müssen dann mit diesen Wörtern zusammen gelernt werden. Beispiele:
- Verb + Präposition: **laugh at, talk to, suffer from, ...** (▷ 135)
- Adjektiv + Präposition: **afraid of, popular with, rude to, ...**
- Nomen + Präposition: **reason for, discussion about, trouble with, ...**

c) Präpositionen stehen normalerweise **vor** einem Nomen, Pronomen oder einer *-ing*-Form. Sie stehen jedoch **nach** dem Verb (+ Objekt) in
- Fragesätzen mit *who, what, where* usw.: **Where does she come from?**
- Relativsätzen: **She told us about the country she came from.**
- Infinitivkonstruktionen: **Children need someone to play with.**
- Passivsätzen: **The new boy was laughed at.**

▷ Die *-ing*-Form nach Präpositionen: 81-82

131 Präpositionen des Ortes und der Richtung (Prepositions of place and movement)

round (BE)
around (AE, BE) } the water

She's going from her house to the sports club.

She's going to play tennis at the club.

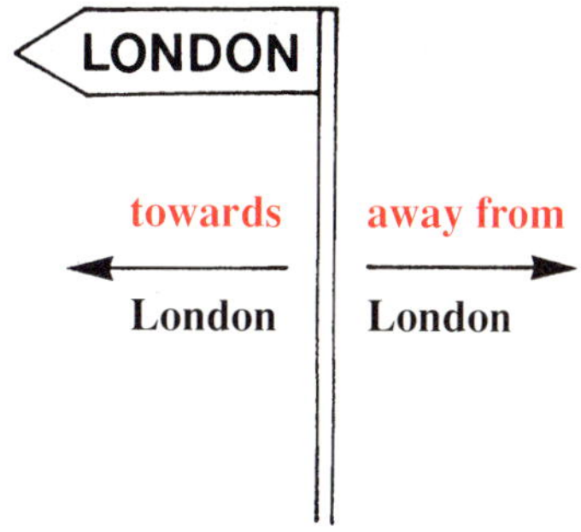

The flats are over / above the shops.

The shops are below the flats.

The shoe shop is between the bookshop and the pet shop.

The bookshop is next to the shoe shop.

across the road

opposite the bookshop

Merke dir die folgenden Wendungen mit *at*, *in*, *on*:

at the table am Tisch (sitzen)
at the front vorn, an/auf der Vorderseite
at the back hinten, an/auf der Rückseite
at school in der Schule

in the street (BE) auf der Straße
(AE: **on the street**)
in the field auf dem Feld

on the coast an der Küste
on the River Thames an der Themse
on the wall an der Wand
on the bus/plane/train im Bus/Flugzeug/Zug

at work bei der Arbeit, am Arbeitsplatz
at home zu Hause
at a party auf einer Party
at 22 York Road in der Yorkstraße 22

in the country auf dem Land
in the sky am Himmel
in the picture/photo auf dem Bild/Foto

on my way to auf dem Weg/unterwegs nach
on the left links, auf der linken Seite
on a visit to auf/zu Besuch bei/in
on holiday (BE)/**vacation** (AE) in/im Urlaub

BE = British English, AE = American English

132 Präpositionen der Zeit (Prepositions of time)

after	**Let's meet after lunch.**	nach dem Mittagessen
at	**The match begins at three o'clock.** **Come back at the weekend.** (BE) (AE: **... on the weekend.**)	um drei Uhr am Wochenende

Merke dir die folgenden Wendungen mit *at*:

at night nachts, bei Nacht
at Easter / Christmas zu Ostern / Weihnachten
at lunch time zur Mittagszeit, mittags
at the age of 16 im Alter von 16 Jahren
at the moment im Augenblick, zur Zeit
at once sofort
at first zuerst, anfangs
at last endlich

at the beginning (of sth.) am Anfang
at the end (of sth.) am Ende

⚠ **in the end** = schließlich

Sue waited a long time, but the bus didn't come. In the end she walked to school.

before	**Liz usually goes to bed before ten.**	vor zehn (Uhr)
by	**Can you repair the bike by tomorrow?**	(spätestens) bis morgen
during	**Tom always works during the holidays.**	während der Ferien

während	**Come and visit me during the holidays.** **I broke my leg while I was on holiday.**	▶ *during* (Präposition) vor Nomen ▶ *while* (Konjunktion) vor Sätzen

for	**We've been here for two hours.**	seit zwei Stunden
from	**The play lasts from 7.30 till 9.30.**	von 19 Uhr 30 bis 21 Uhr 30
in	**My birthday is in July.** **We'll be with you in ten minutes.**	im Juli in zehn Minuten
on	**My birthday is on July 12th.**	am 12. Juli

Tageszeiten

allgemeine Tageszeit			näher bestimmte Tageszeit
	in the morning	**on Monday morning**	
	in the afternoon	**on Tuesday afternoon**	
	in the evening	**on Wednesday evening**	
	at night	**on Friday night**	

past	**It was ten (minutes) past eight.**	(zehn Minuten) nach acht (Uhr)
since	**Tony has been waiting since 10.30.**	seit 10 Uhr 30
throughout	**It rained throughout the night.**	während der ganzen Nacht / die ganze Nacht hindurch

(not) till/until	**The café is open till/until 6 o'clock.** **She won't be here till/until 8 o'clock.**	bis sechs Uhr erst um acht Uhr, nicht vor acht Uhr
to	**It's ten (minutes) to nine.**	(zehn Minuten) vor neun (Uhr)
towards	**It began to snow towards the end of the afternoon.**	gegen Ende
within	**I'll be there within an hour.**	innerhalb (von) einer Stunde/ binnen einer Stunde

133 Sonstige Präpositionen (Other prepositions)

about	**I like books about animals.** **I'm phoning about the party.**	über Tiere wegen der Party
according to	**Everything went according to plan.**	nach/gemäß Plan, dem Plan entsprechend
after	**"Smith" comes after "Smart" in the list.**	nach „Smart" (Reihenfolge)
against	**Debbie is against the suggestion.**	gegen den Vorschlag
because of	**We stayed at home because of the rain.**	wegen des Regens, wegen dem Regen
before	**"Smart" comes before "Smith" in the list.**	vor „Smith" (Reihenfolge)
by	**In 1666 London was destroyed by fire.** **Sandra usually goes to school by bike.** **St Paul's Cathedral was built by Christopher Wren.**	durch (ein) Feuer mit dem Fahrrad von Christopher Wren
except	**The restaurant is open every day except Monday.**	außer/bis auf Montag
for	**I've got a fantastic present for Mum.** **What would you like for breakfast?**	für Mutti zum Frühstück
from	**Liz has got a letter from her pen-friend.**	von ihrer Brieffreundin
in spite of	**They went for a walk in spite of the rain.**	trotz des Regens
instead of	**Could I have tea instead of coffee?**	(an)statt/an Stelle von Kaffee
like	**That man looks like your father.**	wie dein Vater
minus	**The temperature was minus 10 degrees.**	minus 10 Grad
of	**This is a picture of our school.** **Let's have a cup of tea first.**	von unserer Schule eine Tasse Tee

out of	**Only 17 out of 249 passengers survived the crash.**	17 von 249 Passagieren
over	**There are over 30 pupils in my class.**	über/mehr als 30 Schüler/innen
per	**We're travelling at 40 miles per hour.**	pro Stunde
towards	**Why is he so unfriendly towards us?**	uns gegenüber
under	**It will take you under half an hour to get there.**	unter einer halben Stunde/ weniger als eine halbe Stunde
up to	**I watch up to three hours television a day.**	bis zu drei Stunden
	Read up to page 24, please.	bis Seite 24
	The man suddenly ran up to us.	auf uns zu
with	**We've got a house with a garden.**	mit einem Garten
	Liz is with her friends.	bei ihren Freundinnen/Freunden
without	**John can't leave the country without a passport.**	ohne einen Paß

Merke dir die folgenden Wendungen mit *at, on, in*:

at least wenigstens, mindestens
(not) at all überhaupt (nicht)
good/bad at sth. gut/schlecht in etwas

a talk/test on prepositions ein Vortrag/eine Prüfung über Präpositionen
questions on the text Fragen zum Text
on the radio/on TV im Radio/im Fernsehen
on the phone am Telefon

in your own words in/mit deinen eigenen Worten
in a loud voice mit lauter Stimme
in my opinion meiner Meinung nach
in love verliebt
in a hurry in Eile
in ruins in Ruinen, zerstört
in English auf englisch
in different ways auf verschiedene Weise

134 Deutsche Präpositionen und ihre englischen Entsprechungen (German prepositions and their English equivalents)

bei	**I was at my aunt's (house) yesterday.**	bei meiner Tante
	Ms Carter works for a computer firm.	bei einer Computerfirma
	Uncle Jim is coming to stay with us for a few days next month.	bei uns
	Tennis is very popular with my friends.	bei meinen Freundinnen und Freunden
	You can't play tennis in this weather.	bei diesem Wetter
bis	**Can you finish that by tomorrow?**	bis (spätestens) morgen
	Wait till/until Sunday.	bis Sonntag
	So far/Up to now we've been lucky.	bis jetzt
	Read as far as/up to line 26, please.	bis Zeile 26
	Everybody was frightened except Linda.	bis auf/außer Linda

seit	**Sally has known me since 1988.** **Carl has known me for ten years.**	seit 1988 seit zehn Jahren, zehn Jahre (lang)
von	**These books are by Roy North.** **This is a photo of Roy North.** **Today I got a letter from Roy North.**	von Roy North (geschrieben) ein Foto/eine Aufnahme von Roy North einen Brief von Roy North
vor	**I usually go to bed before ten o'clock.** **Hurry up. It's ten to twelve.** **Sue's grandmother died two years ago.** **"Ball" comes before "Bell" in the list.** **The bus stop is right in front of our house.**	vor zehn (Uhr) zehn vor zwölf vor zwei Jahren vor „Bell" (Reihenfolge) vor unserem Haus

135 Einige Verbindungen aus Verb + Präposition (Some prepositional verbs)

add sth. to etwas hinzufügen zu
agree with übereinstimmen mit
aim (sth.) at zielen auf; (etwas) richten auf
apologize for sich entschuldigen für
apply for sich bewerben um
ask for bitten um
believe in glauben an
belong to (jm.) gehören
care about sich kümmern um
complain about sich beschweren über
consist of bestehen aus
correspond to (einer Sache) entsprechen
decide on sich entscheiden für
die of sterben an
disagree with anderer Meinung sein als
divide sth. into etwas einteilen in
happen to geschehen mit; (jm.) passieren
hear from hören/Nachricht erhalten von
hope for hoffen auf
laugh at lachen über; (jn.) auslachen
listen to (jm.) zuhören, (jn./etwas) anhören
look after sich kümmern um, aufpassen auf
look at (jn./etwas) anschauen
look for (jn./etwas) suchen
look forward to sich freuen auf
pay for (etwas) bezahlen
prefer sth. to etwas vorziehen
react to reagieren auf
remind sb. of jn. erinnern an
reply to antworten auf
send for holen, kommen lassen
shout at (jn.) anschreien
smell of riechen nach
speak to sprechen mit
stay with übernachten, wohnen bei
succeed in Erfolg haben mit/bei
suffer from leiden unter/an
talk about sprechen über
talk to/with sprechen mit
taste of schmecken nach
thank sb. for jm. danken für
think about denken über
think of denken an; halten von
wait for warten auf

▷ Die *-ing*-Form nach Verb + Präposition: 81

Professor Higgins is looking for his glasses.

Konjunktionen (Conjunctions)

Konjunktionen **verbinden** Wörter, Satzteile oder Sätze miteinander. Man unterscheidet **nebenordnende oder koordinierende Konjunktionen** *(coordinating conjunctions)* und **unterordnende oder subordinierende Konjunktionen** *(subordinating conjunctions)*. Koordinierende Konjunktionen, z.B. *and, both ... and, but, either ... or*, verknüpfen Hauptsätze oder Satzteile. Subordinierende Konjunktionen, z.B. *after, because, if, when*, verbinden Nebensätze mit Hauptsätzen.

136 Nebenordnende Konjunktionen (Coordinating conjunctions)

and	**Kevin wants to stay at home and watch television.**	und
as well as	**I told them when to come as well as how to get here.**	und auch, ebenso wie
both ... and	**Both Andy and Janet were late for school.**	sowohl ... als auch
but	**Tina went to the party, but Carol didn't.** **Amanda's father isn't Greek but Italian.**	aber sondern
either ... or	**We can either go swimming or play tennis.**	entweder ... oder
not only ... but also	**I haven't only lost my keys, but also my passport.**	nicht nur ..., sondern auch
or	**Have you got any brothers or sisters?**	oder

137 Unterordnende Konjunktionen (Subordinating conjunctions)

after	**I arrived after Carol (had) left.**	nachdem
although	**Although Sandra was injured, she finished the race.**	obwohl, obgleich
as	**We can't play outside as it's raining.** **As Mrs King was getting out of her car, she heard a noise.** **As you know, it's Pete's birthday today.**	da, weil als, während wie
as if	**We've missed the bus. It looks as if we'll have to walk.**	als ob
as long as	**You can go to the disco as long as you're back by ten.**	sofern, solange
because	**Jill can't come because she's ill.**	weil
before	**Say goodbye before you go.**	bevor, ehe

even if	**I'll talk to him, even if I have to wait for hours.**	selbst wenn, auch wenn
if	**If I get home before 8, I'll phone you.** **Do you know if Dave is at home?**	wenn, falls ob
since	**We haven't seen Jim since he left England.**	seit
so that	**Please speak louder so (that) everybody can hear you.**	so daß, damit
than	**My cold is better than it was two days ago.**	als
that	**Tom says that he's never late.**	daß
(not) till/until	**Wait till / until the rain stops.** **I won't get the tea ready till / until she comes.**	bis nicht bevor, erst wenn
unless	**Liz will fail the test unless she works harder.**	wenn nicht, außer wenn, es sei denn, daß
when	**The Deans do the housework together when they come home.** **Everybody shouted when the race began.**	wenn als
whenever	**Whenever Aunt Mary writes, she has bad news.** **Your friends can come whenever they like.**	immer wenn wann (auch) immer
whether	**We didn't know whether to stay or to go.**	ob
while	**Sally listens to the radio while she does her homework.**	während

⚠ **während = *while* weil = *because***

The woman noticed the rabbit while she was driving down a country road.
Die Frau bemerkte den Hasen, **während** sie eine Landstraße entlangfuhr.

She was able to stop her car because she was driving quite slowly.
Sie konnte ihr Auto anhalten, **weil** sie ziemlich langsam fuhr.

K

S – V – O S – V – O

If you help us, we'll help you.

Wenn du uns hilfst, helfen wir dir.

Auch bei der Verknüpfung von Haupt- und Nebensätzen durch Konjunktionen bleibt im Englischen – anders als im Deutschen – die Wortstellung S V O unverändert.

▷ Wortstellung in Nebensätzen: 5

Satzgefüge (Complex sentences)

Bedingungssätze (Conditional sentences)

138 Übersicht (Summary)

Schau dir die folgenden drei Zeichnungen und die dazugehörigen Bedingungssätze an:

After 10 minutes ...

Liverpool 0
Arsenal 1

If they score two goals,[1] Liverpool will win.

[1] goal [gəʊl] *Tor*

After 85 minutes ...

Liverpool 0
Arsenal 1

If they scored two goals, Liverpool would win.

After the match ...

Liverpool 0
Arsenal 1

If they had scored two goals, Liverpool would have won.

Alle drei Bedingungssätze bestehen aus zwei Teilen: einem **Nebensatz mit *if*** *(if-clause)* und einem **Hauptsatz** *(main clause)*:

If they score two goals, **Liverpool will win.**

Nebensatz mit *if* Hauptsatz

Im Nebensatz wird eine **Bedingung** genannt *(wenn Liverpool zwei Tore schießt)*. Im Hauptsatz steht, was geschieht, wenn diese Bedingung erfüllt wird, d.h., wenn sie eintritt (**Folge**: *Liverpool wird gegen Arsenal gewinnen*).

Je nach Art der mit dem *if*-Satz ausgedrückten Bedingung teilt man die Bedingungssätze in drei Grundtypen ein:

Typ I (▷ 139, 140):
erfüllbare Bedingungen ▶ ***If they score two goals,* they will win.**

Typ II (▷ 141):
nicht/kaum erfüllbare Bedingungen ▶ ***If they scored two goals,* they would win.**

Typ III (▷ 142, 143):
nicht mehr erfüllbare Bedingungen ▶ ***If they had scored two goals,* they would have won.**

In allen Bedingungssätzen kann der Hauptsatz auch **vor** dem *if*-Satz stehen. In diesem Fall verwendet man im Englischen **kein** Komma: **Liverpool will win** **if they score two goals.**

▷ Wortstellung in Nebensätzen: 5

Bedingungssatz I: Erfüllbare Bedingungen (Conditional sentence I: Conditions which can be fulfilled)

139

if-clause (Nebensatz mit *if*)	Main clause (Hauptsatz)
If Sarah hurries,	**she'll get home before 10.**
Wenn Sarah sich beeilt,	kommt sie vor 10 nach Hause.
If it stops raining,	**we can go for a walk.**
Wenn es aufhört zu regnen,	können wir einen Spaziergang machen.
If Mike phones,	**ask him about the letter.**
Wenn Mike anruft,	frag ihn wegen des Briefes.
Im Nebensatz mit *if* steht das *simple present*.	Im Hauptsatz stehen – *will* (Kurzform *'ll*) / *can* / *must* + Infinitiv oder ein anderes Hilfsverb + Infinitiv, – ein Imperativ.

Mit dem *if*-Satz im *simple present* drückst du eine Bedingung aus, von der du annimmst, daß sie erfüllt werden kann: Es ist durchaus **möglich und wahrscheinlich**, daß Sarah sich beeilt, daß es aufhört zu regnen, daß Mike anruft.
Der *if*-Satz bezieht sich auf die **Gegenwart oder** die **Zukunft**.

Mit dem Hauptsatz teilst du mit, was geschehen wird, kann, soll usw., wenn die Bedingung erfüllt wird: Sarah kommt vor 10 nach Hause, wir können einen Spaziergang machen, du sollst Mike wegen des Briefes fragen.

⚠ **When you see Nick, tell him to phone Mrs Soames.** ▸ *when* + Nebensatz der Zeit
Wenn (= zu der Zeit, da / sobald) du Nick siehst, ... (= Ich weiß, daß du Nick treffen wirst.)
If you see Nick, tell him to phone Mrs Soames. ▸ *if* + Nebensatz der Bedingung
Wenn (= falls / für den Fall, daß) du Nick siehst, ... (= Ich weiß nicht, ob du Nick treffen wirst.)

Bedingungssatz I:
Im *if*-Teil *simple present* (nicht ~~*will*~~)!

A3: Unit 4 (S. 46)

140 R

1.

If it's raining,	**take the bus.**
Wenn es regnet,	nimm den Bus.
If they haven't repaired the car,	**I can't drive you to the station.**
Wenn sie das Auto nicht repariert haben,	kann ich dich nicht zum Bahnhof fahren.
If you can't speak English,	**you won't get the job.**
Wenn du nicht Englisch sprechen kannst,	wirst du die Stelle nicht bekommen.

Im *if*-Satz sind auch andere Zeitformen als das *simple present* möglich, insbesondere das *present progressive* und das *present perfect* sowie modale Hilfsverben + Infinitiv.

2.

If you mix blue and yellow,	**you get green.**
If I forget my raincoat,	**it always rains.**

Wenn *if* soviel wie *whenever* (= jedesmal wenn) bedeutet, steht im Hauptsatz das *simple present*.

A3: Unit 4 (S. 46)

141 Bedingungssatz II: Nicht erfüllbare oder kaum erfüllbare Bedingungen (Conditional sentence II: Conditions which cannot or can hardly be fulfilled)

if-clause (Nebensatz mit *if*)	Main clause (Hauptsatz)
If Grandpa was 20 years younger, Wenn Opa 20 Jahre jünger wäre,	**he would learn to ski.** würde er Ski fahren lernen.
If Megan had £5000, Wenn Megan 5000 Pfund hätte,	**she could buy a new car.** könnte sie sich ein neues Auto kaufen.
If Susan worked harder, Wenn Susan härter arbeitete/arbeiten würde,	**she might pass her exams.** würde sie vielleicht ihre Prüfungen bestehen.
Im Nebensatz mit *if* steht das *simple past*.	Im Hauptsatz stehen *would* (Kurzform *'d*)/*could*/*might* + Infinitiv.
Mit dem *if*-Satz im *simple past* drückst du eine Bedingung aus, die **nicht erfüllt werden kann** (Opa ist nun mal nicht 20 Jahre jünger, Megan hat keine 5000 Pfund) oder die deiner Meinung nach **wahrscheinlich nicht erfüllt wird** (es ist unwahrscheinlich, daß Susan härter arbeitet). Der *if*-Satz bezieht sich (trotz *simple past*) **nicht** auf die Vergangenheit, sondern auf etwas Unmögliches oder Unwahrscheinliches in der **Gegenwart oder Zukunft**.	Mit dem Hauptsatz teilst du mit, was jetzt oder später geschehen würde oder könnte, wenn diese Bedingungen doch erfüllt würden: Opa würde Ski fahren lernen, Megan könnte sich ein neues Auto leisten, Susan würde unter Umständen ihre Prüfungen bestehen.

⚠ **If Grandpa were 20 years younger, he would learn to ski.**
Statt *was* wird in *if*-Sätzen des Typs II manchmal *were* gebraucht.

Für Ratschläge verwendet man die Wendung *If I were you, I would* ...
(= Wenn ich du wäre, würde ich ..., Ich an deiner Stelle würde ...).

K

If I found £100 in the street, ... fände/finden würde, ...	...

Das *simple past* im *if*-Satz hat die Bedeutung einer deutschen Konjunktivform.

If I had a proper job, ... hätte, ...	**I would have enough money.** hätte ...
If Mrs Brown was my grandmother, ... wäre, ...	**I would be her grandchild.** wäre ...

hätte und *wäre* haben unterschiedliche Entsprechungen im *if*-Satz und im Hauptsatz.

Bedingungssatz II:
Im *if*-Teil *simple past* (nicht ~~*would*~~)!

A3: Unit 4 (S. 47)

[Bedingungssatz III: Nicht mehr erfüllbare Bedingungen]
(Conditional sentence III: Conditions which can no longer be fulfilled)

142

if-clause (Nebensatz mit *if*)	Main clause (Hauptsatz)
If Ann had phoned me, Wenn Ann mich angerufen hätte,	**I would have met her at the station.** hätte ich sie vom Bahnhof abgeholt.
If the weather had been good, Wenn das Wetter gut gewesen wäre,	**Tim might have gone to the coast.** wäre Tim vielleicht an die Küste gefahren.
Im Nebensatz mit *if* steht das *past perfect* (= *had* + *past participle*).	Im Hauptsatz stehen *would have/could have/might have + past participle*.
Kurzform: **If she'd phoned ... = If she had phoned ...**	Kurzform: **I'd have met ... = I would have met ...**
Mit dem *if*-Satz im *past perfect* drückst du eine Bedingung aus, die sich auf die **Vergangenheit** bezieht. Du stellst dir etwas vor, das in Wirklichkeit aber gar nicht geschehen ist. Die Bedingung ist **nicht mehr erfüllbar**, da wir bereits wissen, was passiert ist: Ann hat nicht angerufen; das Wetter war nicht gut. Solche Bedingungen werden irreal (= nicht wirklich) genannt.	Mit dem Hauptsatz teilst du mit, was geschehen wäre oder hätte sein können, wenn diese Bedingungen erfüllt worden wären. Du stellst dir vor, daß du Ann vom Bahnhof abgeholt hättest oder daß Tim vielleicht an die Küste gefahren wäre.

Vergleiche:
Ann didn't phone: So war es in Wirklichkeit.
If Ann had phoned: Das stellst du dir nur vor.

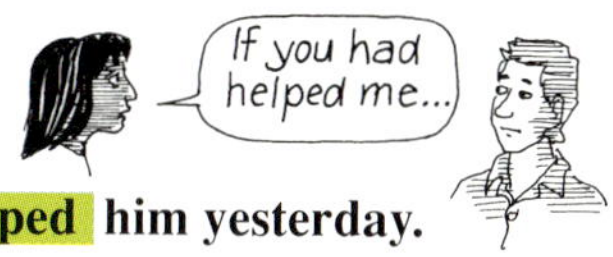

K

If Peter had helped me last week, ... geholfen **hätte**, ...	**I would have helped him yesterday.** **hätte** ... geholfen.
If Carol had been at the party, ... gewesen **wäre**, ...	**I would have been really happy.** **wäre** ... gewesen.

Das *past perfect* im *if*-Satz hat die Bedeutung einer deutschen Konjunktivform.
hätte und *wäre* haben unterschiedliche Entsprechungen im *if*-Satz und im Hauptsatz.

Bedingungssatz III:
Im *if*-Teil past perfect (nicht ~~would have~~)!

A4: Unit 10 (S. 120)

143 R

If I had got up earlier, Wenn ich früher aufgestanden wäre,	**I wouldn't be late now.** wäre ich jetzt nicht spät dran.

Im Hauptsatz kann auch *would/could/might* + Infinitiv stehen, um auszudrücken, was in der Gegenwart oder Zukunft wäre oder geschehen würde. A4: Unit 10 (S. 120)

[ ] = Grammatikstoff ist nur in bestimmten Bundesländern für Klasse 8 vorgeschrieben.

Relativsätze (Relative clauses)

144 Funktion (Function)

The man **who is talking to the policewoman** **is my uncle.**

Do you know the woman **whose car was stolen**?

Is it the car **which they found behind the station**?

Die Beispiele zeigen dir, daß sich Relativsätze *(relative clauses)* auf ein vorausgehendes Nomen beziehen. Sie bestimmen es genauer. Erst durch den Relativsatz erfährst du, welcher Mann, welche Frau oder welches Auto gemeint ist. Deshalb werden diese Relativsätze **bestimmende Relativsätze** *(defining relative clauses)* genannt.
Relativsätze werden durch Relativpronomen *(relative pronouns)* eingeleitet.

⚠ Bestimmende Relativsätze werden im Englischen **nicht** durch Kommas vom Hauptsatz getrennt.

▷ Der *to*-Infinitiv anstelle eines Relativsatzes: 73; Partizipien anstelle eines Relativsatzes: 87, 88

145 Relativpronomen (Relative pronouns)

	Subject		
The boy Der Junge,	**who / that** der	**won the marathon** den Marathon gewonnen hat, ...	**is only 18.**
The boys Die Jungen,	**who / that** die	**are always late** immer zu spät kommen, ...	**are from Deal.**
I'm writing about the bike ... wegen des Fahrrads,	**which / that** das	**was found yesterday.** gestern gefunden wurde.	
I only read books ... Bücher,	**which / that** die	**are best sellers.** Bestseller sind.	

	Object		
The boy Der Junge,	**who / that** den	**we met yesterday** wir gestern getroffen haben, ...	**is only 18.**
The boys Die Jungen,	**who / that** die	**you saw in the park** du im Park gesehen hast, ...	**are from Deal.**
I'm writing about a bike ... wegen eines Fahrrads,	**which / that** das	**I bought in your shop.** ich in Ihrem Laden gekauft habe.	
Are those the books ... die Bücher,	**which / that** die	**I gave you yesterday?** ich dir gestern gegeben habe?	

R

The boy whom we met yesterday is only 18.

Anstelle von *who* als Objekt wird im formellen – meist geschriebenen – Englisch auch *whom* verwendet.

	whose + noun	
Are those the girls	**whose mother**	**we met yesterday?**
... die Mädchen,	deren Mutter	wir gestern getroffen haben?
Is that the ship	**whose sails**	**were damaged in the storm?**
... das Schiff,	dessen Segel	in dem Sturm beschädigt wurden?

"Of course I remember you – you're the boy whose name I always forget!"

- *who* bezieht sich auf **Personen**.
- *which* bezieht sich auf **Dinge**.
- *that* wird oft statt *who* oder *which* benutzt. Es kann sich auf **Personen oder Dinge** beziehen. Man gebraucht es allerdings häufiger für Dinge.
- *whose* (= dessen, deren) bezieht sich gewöhnlich auf Personen, wird aber manchmal auch für Dinge verwendet. Auf *whose* folgt immer ein Nomen.

Alle Relativpronomen können Subjekt oder Objekt des Relativsatzes sein und sich auf Nomen im Singular oder Plural beziehen.

K

I believe this is all that can be said about the first question.
... alles, **was** ...

Everything that he did was wrong.
Alles, **was** ...

Nach *all, everything, something, anything, nothing* steht ausschließlich *that* als Relativpronomen.

⚠ **Is that the girl whose bike was stolen?** (The girl's bike was stolen.)
The girl who's waiting at the bus stop is my girlfriend. (The girl is waiting.)

Verwechsle *whose* nicht mit *who's* = *who is*!

A3: Unit 2 (S. 23; S.149)

▷ Wortstellung in Nebensätzen: 5

Relativsätze ohne Relativpronomen (Contact clauses)

146 **a)**

		Relative clause		
	The boy	**who / that**	**you can see in the photo**	**is my boyfriend.**
oder:	**The boy**		**you can see in the photo**	**is my boyfriend.**
	Der Junge,	den	du auf dem Foto sehen kannst, ...	
	The computer	**which / that**	**we chose**	**cost £1000.**
oder:	**The computer**		**we chose**	**cost £1000.**
	Der Computer,	den	wir ausgesucht haben, ...	

In diesen Beispielen sind die Relativpronomen *who, which* und *that* **Objekt** im Relativsatz. Wenn *who, which* oder *that* Objekt im Relativsatz sind, kannst du sie weglassen. Relativsätze ohne Relativpronomen werden *contact clauses* genannt.

147 **b)**

		Relative clause		
	The people	**who/that**	**Tom is talking to**	**are my parents.**
oder:	**The people**		**Tom is talking to**	**are my parents.**
	The programme	**which/that**	**Meg is listening to**	**is about computers.**
oder:	**The programme**		**Meg is listening to**	**is about computers.**

Wie die Beispiele zeigen, kannst du auch in **Relativsätzen mit Präpositionen** *who, which* oder *that* weglassen.

⚠ Beachte, daß die Präposition im Relativsatz an derselben Stelle steht wie in einem Hauptsatz. Vergleiche:

	Mrs Green was angry with Rita.	(Hauptsatz)
Rita wasn't the only girl (who)	**Mrs Green was angry with.**	(Relativsatz)

K

The girl (who) I was travelling with spoke Italian.
Das Mädchen, **mit dem** ich reiste, ...

The flat (that) Ann is living in at the moment is terrible.
Die Wohnung, **in der** Ann zur Zeit wohnt, ...

The school (which) Sarah goes to is in Grove Street.
Die Schule, **auf die** Sarah geht, ...

The boy (who) Tom is afraid of is almost two metres tall.
Der Junge, **vor dem** sich Tom fürchtet, ...

Im Deutschen steht die Präposition **vor** dem Relativpronomen.

The boy *who took* the photo is my brother.

Wenn das Relativpronomen direkt vor dem Verb steht, ist es Subjekt und darf nie weggelassen werden!

A3: Unit 2 (S. 24)

"We're still waiting for the cup of sugar you borrowed last June."

Die indirekte Rede (Indirect speech / Reported speech)

148 Direkte und indirekte Rede (Direct and indirect speech)

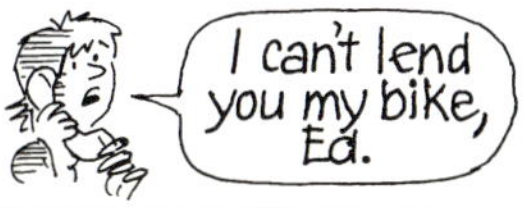

Direct speech	Indirect speech
Di said, "I can't lend you my bike, Ed."	**Di said that she couldn't lend Ed her bike.**

Du kannst das, was jemand sagt, auf zweifache Weise wiedergeben:

Du kannst wörtlich wiedergeben, was jemand gesagt, geschrieben oder gedacht hat. Solche Sätze stehen in Anführungszeichen (Englisch: "...", Deutsch: „..."). In diesem Fall spricht man von **direkter Rede** *(direct speech)*.

▷ Wortstellung in Zwischen- und Nachsätzen zur direkten Rede: 1 R

Du kannst berichten, was jemand gesagt, geschrieben oder gedacht hat, ohne daß du die genauen Worte des Sprechers / der Sprecherin wiedergibst. In diesem Fall spricht man von **indirekter Rede** *(indirect speech)*.

⚠ **Di said (that) she couldn't lend Ed her bike.**
Di sagte, daß sie Ed ihr Fahrrad nicht leihen könne. /
Di sagte, sie könne Ed ihr Fahrrad nicht leihen.

- Im Englischen steht **kein** Komma vor der indirekten Rede.
- *that* wird oft weggelassen (vor allem nach *say* und *tell sb.*).
- Wie im Deutschen werden die Pronomen aus der Sicht des berichtenden Sprechers gewählt:

(Di sagte zu Ed:)		(Ed berichtet:)
"I can't lend you my bike. I'm going for a ride myself."	→	**Di said that she couldn't lend me her bike. She was going for a ride herself.**

▷ Änderungen von Zeit- und Ortsangaben: 153

Typische **Verben zur Einleitung** der indirekten Rede sind:
say, tell sb., add, agree, answer, be sure, believe, complain, explain, know, mention, point out, promise, report, think, write, ask, wonder.

⚠ **Alice said**	**that she enjoyed her job.**	Alice sagte, ...
Alice told me		Alice sagte (zu) mir, ...

- Auf *say* folgt gewöhnlich kein Personenobjekt. Es ist jedoch möglich, ein Personenobjekt mit *to* anzuschließen: **Alice said to Kim / me / him / us /...**
- Auf *tell* folgt **immer** ein Personenobjekt (ohne *to*): **Alice told Kim / me / him / us /...**

K

Lisa says her parents are on holiday.
Lisa sagt, daß ihre Eltern im Urlaub **seien / sind**.

Mrs Bell told the policewoman she hadn't seen the thief.
Mrs Bell sagte der Polizistin, daß sie den Dieb nicht **gesehen habe / hätte**.

Im Englischen gibt es keinen Konjunktiv in der indirekten Rede.

A4: Unit 5 (S. 60; S. 165)

Zeitveränderungen in der indirekten Rede (Tense changes in indirect speech)

149 **a) Einleitendes Verb im *past tense***

Direct speech	Indirect speech
Roy: "I really hate beans on toast."	**Roy *told* us he really hated beans on toast.**
Jody: "I haven't phoned Jeff."	**Jody *said* she hadn't phoned Jeff.**

Wenn das einleitende Verb der indirekten Rede im *simple past* steht (*told, said* usw.), werden die Zeitformen der direkten Rede meist verändert: *hate* → *hated, haven't phoned* → *hadn't phoned*. Sie werden um eine Zeitstufe in die Vergangenheit **„zurückverschoben"** *(back-shift of tenses)*. Hier sind weitere Beispiele:

1. ***am/is/are*** →	***was/were***
Liz: "I think Peter is German."	**Liz *thought* (that) Peter was German.**
Jim: "Ruth and Ed are leaving."	**Jim *said* (that) Ruth and Ed were leaving.**
Ed: "I'm going to work hard."	**Ed *told* me (that) he was going to work hard.**

2. **Simple present** →	**Simple past**
Ann: "My dad plays the piano."	**Ann *said* (that) her dad played the piano.**

3. ***was/were*** →	***had been***
Eve: "I was late for work."	**Eve *said* (that) she had been late for work.**
Dave: "Tina and Carol were reading all afternoon."	**Dave *told* his sister (that) Tina and Carol had been reading all afternoon.**

4. **Simple past** →	**Past perfect**
Pete: "I met Di at the pub."	**Pete *said* (that) he had met Di at the pub.**

5. **Present perfect** →	**Past perfect**
Sue: "Kim has found a flat."	**Sue *told* us (that) Kim had found a flat.**

6. ***will, can, may*** →	***would, could, might***
Pat: "I'm sure Sally will come."	**Pat *was sure* (that) Sally would come.**
Jill: "I can come."	**Jill *said* (that) she could come.**
Eric: "We may be late."	**Eric *said* (that) they might be late.**

⚠ Ein Verb im *past perfect* sowie *would, could* (= könnte), *should, ought to* und *might* bleiben **unverändert**. Auch *must* und *needn't* bleiben in der Regel unverändert, sie können aber auch zu *had to* bzw. *didn't have to* verändert werden.

Indirekte Rede:

Die Zeitform der direkten Rede wird um eine Stufe in die Vergangenheit zurückverschoben:
Present forms → Past forms
Past forms → Past perfect forms

A4: Unit 5 (S. 60)

R

Jean: "I arrived on Friday." →	**Jean *said* she**	**arrived** **had arrived**	**on Friday.**

Past tense-Formen werden – vor allem im Umgangsenglisch – oft beibehalten, also nicht ins *past perfect* geändert.

150 **b) Einleitendes Verb im *present tense***

Direct speech	Indirect speech
Sue: "My sister has judo lessons." **Jack: "I'm really enjoying my holiday."**	**Sue *says* her sister has judo lessons.** **We got a postcard from Jack today. He *writes* that he's really enjoying his holiday.**

Manchmal wird die indirekte Rede durch ein Verb im *simple present* (*says*, *writes* usw.) eingeleitet. In diesem Fall wird die Zeitform der direkten Rede **nicht** verändert.

A4: Unit 5 (S. 60)

151 Fragen in der indirekten Rede (Questions in indirect speech)

Direct speech	Indirect speech
1. **"Where's the nearest bank, please?"**	**This man *wants to know* where the nearest bank is.**
2. **"Do you play hockey?" Mrs Wells asked.**	**Mrs Wells *asked* if I played hockey.**

Wenn das einleitende Verb im *simple past* steht (z.B. *asked*), gilt die Regel über die **Verschiebung der Zeitformen** (▷ 149) auch für Fragesätze in der indirekten Rede. Einleitende Verben für indirekte Fragen sind *ask*, *want to know* und *wonder*.

Wenn die direkte Frage mit einem **Fragewort** (*what, when, where, how* usw.) beginnt, wird das Fragewort in die indirekte Frage übernommen (Beispiel 1).
Ist in der direkten Frage **kein Fragewort** vorhanden (Entscheidungsfrage), mußt du die indirekte Frage mit *if* oder *whether* (= ob) einleiten (Beispiel 2).

⚠ Achte auf die **Wortstellung** in indirekten Fragen:

			Auxiliary	Subject	Verb	Object
Direkte Frage:	**Liz:**	**"What**	**does**	***BC***	**mean?"**	
Indirekte Frage:	**Liz asks**	**what**		***BC***	**means.**	
Aussagesatz:				***BC***	**means**	***before Christ.***
Direkte Frage:	**Liz:**		**"Can**	**Sally**	**play**	**the guitar?"**
Indirekte Frage:	**Liz asks**	**if**		**Sally**	**can play**	**the guitar.**
Aussagesatz:				**Sally**	**can play**	**the guitar.**

Wie du siehst, ist die Wortstellung in indirekten Fragen wie in Aussagesätzen, nämlich **Subject – Verb – (Object)**. Es gibt **keine** *do*-Umschreibung.

Wenn man jemanden höflich um Auskunft bitten will, verwendet man statt einer direkten Frage oft *Can you tell me ...?* oder *Do you know ...?* + indirekte Frage, z.B.:
***Can you tell me* if the plane has landed yet? *Do you know* when the film begins?**

▷ Der *to*-Infinitiv nach Fragewörtern: 74

A4: Unit 5 (S. 61)

152 Aufforderungssätze in der indirekten Rede (Commands, requests and suggestions in indirect speech)

a) Aufforderungen, Verbote, Bitten und Ratschläge

Direct speech	Indirect speech
Mrs King: "Switch on the video recorder, Sally."	**Mrs King told Sally to switch on the video recorder.** Mrs King sagte zu Sally, sie solle den Videorecorder einschalten.
Mr Hill: "You mustn't talk during the test."	**Mr Hill told/warned his pupils not to talk during the test.** Mr Hill sagte seinen Schülern/ermahnte seine Schüler, sie sollten während des Tests nicht reden.
Rod: "Can/Could/Would you pass me the butter, please, Jean?"	**Rod asked Jean to pass (him) the butter./ Rod asked Jean for the butter.**
Mrs Selby: "You should put on a pullover, Lucy."	**Mrs Selby advised Lucy to put on a pullover.**

Aufforderungen, Verbote, Bitten und Ratschläge werden in der indirekten Rede meist durch eine Infinitivkonstruktion wiedergegeben. Du verwendest *tell, ask, advise, warn sb. + to*-Infinitiv. Die verneinte Form wird mit *not to* gebildet.

⚠ *"I told you not to ring me at the office!"*

Bei Aufforderungen und Verboten benutzt man *tell* und nicht *say*.

▷ Der *to*-Infinitiv nach bestimmten Verben + Objekt: 72

b) Vorschläge

Direct speech	Indirect speech
Tracy: "Let's go for a walk."	**Tracy suggested going for a walk./ Tracy suggested that we should go for a walk.**

Vorschläge werden in der indirekten Rede meist mit *suggest* eingeleitet.

⚠ **Wendy suggested asking Mike.**
Wendy schlug vor, Mike zu fragen.

Wendy suggested that we should ask Mike.
Wendy schlug vor, daß wir Mike fragen (sollten).

Nach *suggest* steht die *-ing*-Form oder ein *that*-Satz mit *should/ought to,* niemals jedoch der *to*-Infinitiv.

153 Änderungen von Zeit- und Ortsangaben (Changes in adverbials of time and place)

a) Zeitangaben

Direct speech	Indirect speech
 **Joe (on Friday):** **"I'm leaving tomorrow."**	**Sue (on the following Tuesday):** **Joe told me on Friday he was leaving the next / following day (= on Saturday).** 
Rita (on Friday): **"I arrived only yesterday."**	**Sue (on the following Tuesday):** **Rita told me on Friday she had arrived only the day before (= on Thursday).**

In diesen Beispielen sind die Zeitangaben der direkten Rede *(tomorrow, yesterday)* in der indirekten Rede verändert worden. Das hängt damit zusammen, daß zwischen dem Zeitpunkt der direkten Rede und dem der indirekten Rede eine bestimmte Zeit vergangen ist. Sue berichtet erst vier Tage später, was Joe und Rita ihr mitgeteilt haben.
Wenn allerdings noch am selben Tag, in derselben Woche, im selben Monat usw. berichtet wird, verändern sich die Zeitangaben der direkten Rede **nicht**:

Joe: "I'm leaving tomorrow."	**Sue tells a friend the same day (= on Friday):** **Joe told me today he was leaving tomorrow.**
Eve: "We're moving next month."	**Tim tells his sister the same month:** **Eve said they were moving next month.**

Mögliche Änderungen von Zeitangaben sind:

now	→	**then / at that time**
today	→	**(on) that day**
tonight	→	**that night**
this week	→	**that week**
tomorrow	→	**the next day / the following day**
next week	→	**the following week / a week later**
yesterday	→	**the day before**
last night	→	**the night before**
three days ago	→	**three days before / three days earlier**

A4: Unit 5 (S. 166)

b) Ortsangaben

Direct speech	Indirect speech
 **The beach is wonderful. I like it here.**	**Susie said that the beach was wonderful and that she liked it there.** 

Auch Ortsangaben wie *here*, *there*, *in this place* müssen je nach Sprechsituation manchmal geändert werden. Susies Freund berichtet im Hotel über Susies Äußerung am Strand.

Unregelmäßige Verben (Irregular verbs)

Infinitive	Simple past	Past participle	
(to) **be**	(I) **was**, (you) **were**	(I've/she has) **been**	sein
beat	**beat**	**beaten**	schlagen, besiegen
become	**became**	**become**	werden
begin	**began**	**begun**	beginnen, anfangen
blow	**blew** [uː]	**blown** [əʊ]	blasen, wehen
break [eɪ]	**broke** [əʊ]	**broken** [əʊ]	(zer)brechen; kaputtmachen
bring	**brought** [ɔː]	**brought** [ɔː]	(mit)bringen, (her)bringen
build	**built**	**built**	(er)bauen
burn	**burned, burnt**	**burned, burnt**	(ver)brennen
buy	**bought** [ɔː]	**bought** [ɔː]	kaufen
catch	**caught** [ɔː]	**caught** [ɔː]	fangen, erwischen; erreichen
choose [uː]	**chose** [əʊ]	**chosen** [əʊ]	(aus)wählen, aussuchen
come	**came**	**come**	kommen
cost [ɒ]	**cost** [ɒ]	**cost** [ɒ]	kosten
cut	**cut**	**cut**	schneiden
do	**did**	**done** [ʌ]	tun, machen
draw	**drew** [uː]	**drawn**	zeichnen; ziehen
dream	**dreamed** [iː], **dreamt** [e]	**dreamed** [iː], **dreamt** [e]	träumen
drink	**drank**	**drunk**	trinken
drive	**drove**	**driven** [ɪ]	(Auto) fahren; (an)treiben
eat	**ate** [eɪ, BE *also:* e]	**eaten**	essen
fall	**fell**	**fallen**	fallen
feed	**fed**	**fed**	füttern
feel	**felt**	**felt**	(sich) fühlen
fight	**fought** [ɔː]	**fought** [ɔː]	(be)kämpfen
find	**found** [aʊ]	**found** [aʊ]	finden
fly	**flew** [uː]	**flown** [əʊ]	fliegen
forget	**forgot**	**forgotten**	vergessen
forgive	**forgave**	**forgiven**	vergeben, verzeihen
freeze	**froze**	**frozen**	(ge)frieren; erstarren
get	**got**	BE: **got**, AE: **gotten**	bekommen; gelangen, (hin)kommen; holen, besorgen; werden
give	**gave**	**given**	geben; schenken
go	**went**	**gone** [ɒ]	gehen; fahren
grow	**grew** [uː]	**grown** [əʊ]	wachsen; anbauen, anpflanzen
hang	**hung**	**hung**	(auf)hängen
have (got)	**had**	**had**	haben
hear [ɪə]	**heard** [ɜː]	**heard** [ɜː]	hören
hide [aɪ]	**hid** [ɪ]	**hidden** [ɪ]	(sich) verstecken
hit	**hit**	**hit**	schlagen, treffen
hold	**held**	**held**	halten
hurt [ɜː]	**hurt**	**hurt**	verletzen, weh tun
keep	**kept**	**kept**	(be)halten, aufbewahren; einhalten
know [əʊ]	**knew** [juː]	**known** [əʊ]	kennen; wissen
lead [iː]	**led** [e]	**led** [e]	führen, leiten
learn [ɜː]	**learned, learnt**	**learned, learnt**	lernen
leave	**left**	**left**	weggehen, verlassen; (zurück)lassen

Infinitive	Simple past	Past participle	
lend	**lent**	**lent**	(ver-, aus)leihen
let	**let**	**let**	(zu)lassen
lie [aɪ]	**lay** [eɪ]	**lain** [eɪ]	liegen
lose [uː]	**lost** [ɒ]	**lost** [ɒ]	verlieren
make	**made**	**made**	machen; (veran)lassen
mean [iː]	**meant** [e]	**meant** [e]	bedeuten; meinen
meet	**met**	**met**	(sich) treffen, kennenlernen
overtake	**overtook** [ʊ]	**overtaken**	überholen
pay [eɪ]	**paid** [eɪ]	**paid** [eɪ]	(be)zahlen
put [ʊ]	**put** [ʊ]	**put** [ʊ]	stellen, legen, setzen
quit	**quit**	**quit**	aufhören, aufgeben
read [iː]	**read** [e]	**read** [e]	(vor)lesen
ride [aɪ]	**rode**	**ridden** [ɪ]	reiten; (rad)fahren
ring	**rang**	**rung**	klingeln, läuten; anrufen
rise [aɪ]	**rose**	**risen** [ɪ]	steigen; aufgehen *(Sonne, Mond)*
run	**ran**	**run**	rennen, laufen; fahren *(Zug, Bus)*
say	**said** [e]	**said** [e]	sagen
see	**saw**	**seen**	sehen
sell	**sold**	**sold**	verkaufen
send	**sent**	**sent**	schicken, senden
set	**set**	**set**	untergehen *(Sonne, Mond)*
shake	**shook** [ʊ]	**shaken**	schütteln; zittern
shine	**shone** [BE: ɒ, AE: əʊ]	**shone** [BE: ɒ, AE: əʊ]	scheinen *(Sonne)*
shoot [uː]	**shot** [ɒ]	**shot** [ɒ]	(er)schießen
show [əʊ]	**showed** [əʊ]	**shown** [əʊ]	zeigen
shut [ʌ]	**shut** [ʌ]	**shut** [ʌ]	schließen, zumachen
sing	**sang**	**sung**	singen
sink	**sank**	**sunk**	sinken; versenken
sit	**sat**	**sat**	sitzen
sleep	**slept** [e]	**slept** [e]	schlafen
smell	**smelt, smelled**	**smelt, smelled**	riechen
speak	**spoke**	**spoken**	sprechen
spell	**spelt, spelled**	**spelt, spelled**	buchstabieren, schreiben
spend	**spent**	**spent**	*(Geld)* ausgeben; *(Zeit)* verbringen
stand	**stood** [ʊ]	**stood** [ʊ]	stehen
steal	**stole**	**stolen**	stehlen
swim	**swam**	**swum**	schwimmen
take	**took** [ʊ]	**taken**	(mit)nehmen; (hin-, weg)bringen
teach	**taught** [ɔː]	**taught** [ɔː]	unterrichten, lehren
tell	**told**	**told**	sagen, nennen; erzählen, berichten
think	**thought** [ɔː]	**thought** [ɔː]	meinen, denken
throw [əʊ]	**threw** [uː]	**thrown** [əʊ]	werfen
understand	**understood** [ʊ]	**understood** [ʊ]	verstehen, begreifen
upset	**upset**	**upset**	verärgern
wake up	**woke up**	**woken up**	aufwachen; (auf)wecken
wear [eə]	**wore** [ɔː]	**worn** [ɔː]	*(Kleidung)* tragen, anhaben
win	**won** [ʌ]	**won** [ʌ]	gewinnen
write	**wrote**	**written**	schreiben

BE = British English, AE = American English

Grammatische Begriffe (Grammatical terms)

abstract noun ['æbstrækt]	abstraktes Nomen, Abstraktum	*life, love, pollution, ...*
active ['æktɪv]	Aktiv	The police *caught* the thief.
adjective ['ædʒɪktɪv]	Adjektiv, Eigenschaftswort	*bad, good, big, expensive, ...*
adverb ['ædvɜːb]	Adverb, Umstandswort	
adverb of indefinite frequency [ɪnˌdefɪnət 'friːkwənsɪ]	Adverb der unbestimmten Häufigkeit	*always, never, often, sometimes, ...*
adverb of manner ['mænə]	Adverb der Art und Weise	*badly, easily, carefully, well, ...*
adverb of place [pleɪs]	Ortsadverb	*here, there, outside, nowhere, ...*
adverb of time [taɪm]	Zeitadverb	*now, today, yesterday, ...*
adverbial [əd'vɜːbɪəl]	adverbiale Bestimmung, Umstandsbestimmung	
adverbial of place [pleɪs]	adverbiale Bestimmung des Ortes	Come and sit *here/next to me.*
adverbial of time [taɪm]	adverbiale Bestimmung der Zeit	I'm leaving *tomorrow/on Monday.*
article ['ɑːtɪkl]	Artikel, Geschlechtswort	definite/indefinite article
auxiliary (verb) [ɔːg'zɪljərɪ]	Hilfsverb	*has* gone, *don't* know, *can* dance, ... modal auxiliary
backshift of tenses ['bækʃɪft]	Verschiebung der Zeitformen (in der indirekten Rede)	"I'*m* sorry." → She said she *was* sorry.
cardinal number ['kɑːdɪnl]	Grundzahl	*one, two, three, ten, ...*
clause [klɔːz]	Teilsatz (= Haupt- oder Nebensatz)	main/subordinate clause
comparative [kəm'pærətɪv]	Komparativ, erste Steigerungsform	*faster, better, more interesting, ...*
comparison [kəm'pærɪsn]	Steigerung, Vergleich	*fast – faster – fastest; as fast as ...; faster than ...*
complement ['kɒmplɪmənt]	prädikative Ergänzung (zum Subjekt), Prädikatsnomen	Miss Green is *a teacher.* Miss Green became *angry.*
complex sentence ['kɒmpleks]	Satzgefüge (aus Haupt- und Nebensatz)	*I can't come because I'm ill.*
conditional sentence [kən'dɪʃnəl]	Bedingungssatz(gefüge), Konditionalsatz(gefüge)	*If you help me, I'll help you.* *if*-clause + main clause
conjunction [kən'dʒʌŋkʃn]	Konjunktion, Bindewort	coordinating/subordinating conjunction
contact clause ['kɒntækt klɔːz]	Relativsatz ohne Relativpronomen	He's the man *I saw yesterday.*
coordinating conjunction [kəʊ'ɔːdɪneɪtɪŋ]	nebenordnende Konjunktion	*and, but, or, ...*
countable noun ['kaʊntəbl]	zählbares Nomen	*house(s), idea(s), child(ren), ...*
defining relative clause [dɪ'faɪnɪŋ]	bestimmender Relativsatz, notwendiger Relativsatz	The boy *who said that* is silly.
definite article ['defɪnɪt]	bestimmter Artikel	*the* bag [ðə], *the* apple [ðɪ]
demonstrative pronoun [dɪ'mɒnstrətɪv]	Demonstrativpronomen, hinweisendes Fürwort	*this, that, these, those*
direct object [ˌdaɪrekt‿'ɒbdʒɪkt]	direktes Objekt	I like *pop music.* Carol gave her friend *a tie.*
direct speech	direkte Rede	Ann said, *"I'm sorry."*
emphasizing pronoun ['emfəsaɪzɪŋ]	verstärkendes Pronomen	I saw the accident *myself.*
exclamation [ˌeksklə'meɪʃn]	Ausruf(esatz)	*What a nice cat! How beautiful!*
full verb ['fʊl vɜːb]	Vollverb (= Wortart)	*work, look, run, belong, ...*
future ['fjuːtʃə]	Zeitform der Zukunft, Futur	*going to*-/*will*-future
gerund ['dʒerənd]	Gerundium	I like *dancing. Dancing* is fun.
going to-future	Futur mit *going to*	We*'re going to stay* at home.
if-clause ['ɪf klɔːz]	Nebensatz mit *if*, *if*-Satz	*If you help me,* I'll help you.
imperative [ɪm'perətɪv]	Imperativ, Befehlsform, Aufforderung	*Listen. Don't talk.*
indefinite article [ɪn'defɪnət]	unbestimmter Artikel	*a* bag, *an* apple
indirect object [ˌɪndɪrekt‿'ɒbdʒɪkt]	indirektes Objekt	Carol gave *her friend* a tie.
indirect speech (= reported speech)	indirekte Rede, nichtwörtliche Rede	Ann said *(that) she was sorry.* Do you know *where Ken is*?
infinitive [ɪn'fɪnətɪv]	Infinitiv, Grundform des Verbs	*(to) go, (to) dance, (to) sit, ...* passive/perfect infinitive
-ing form ['ɪŋ fɔːm]	*-ing*-Form	*going, dancing, sitting, ...*
intransitive verb [ɪn'trænsətɪv]	intransitives Verb (= Verb ohne direktes Objekt)	*arrive, come, go, sit down, ...*
irregular verb [ɪ'regjʊlə]	unregelmäßiges Verb	go – *went* – *gone*
long form ['lɒŋ fɔːm]	Langform	She *is* ten. You *need not* go.
main clause	Hauptsatz	*I can't come* because I'm ill.

main verb	Hauptverb, Vollverb (= Teil des Prädikats)	can *dance*, didn't *play*, she *sings*, ...
material noun [mə'tɪərɪəl]	Stoffname	*air, bread, milk, sand, ...*
modal auxiliary ['məʊdl]	modales Hilfsverb	*can, could, may, might, will, would, shall, should, ought to, must, needn't*
negative statement ['negətɪv]	verneinter Aussagesatz	*I don't like pop music.*
noun [naʊn]	Nomen, Substantiv, Hauptwort	countable/uncountable/singular/plural/pair/abstract/material/proper noun
numeral ['nju:mərəl]	Numerale, Zahlwort	cardinal/ordinal number
object ['ɒbdʒɪkt]	Objekt, Satzergänzung	direct/indirect object
object form	Objektform (der Personalpronomen)	*me, you, him, her, it, us, them*
of-phrase ['ɒv freɪz]	*of*-Fügung	the name *of the street*
ordinal number ['ɔ:dɪnl]	Ordnungszahl	*first, second, third, tenth, ...*
pair noun ['peə naʊn]	„Paarwort"	*trousers, glasses, shorts, ...*
participle ['pɑ:tɪsɪpl]	Partizip	present/past participle
part of speech (= word class)	Wortart	noun, adjective, preposition, ...
part of the sentence	Satzteil, Satzglied	subject, verb, object, complement, adverbial
passive ['pæsɪv]	Passiv	The thief *was caught* (by the police).
passive infinitive [ɪn'fɪnətɪv]	Infinitiv Passiv	*(to) be used, (to) have been made, ...*
past participle [,pɑ:st 'pɑ:tɪsɪpl] (= *-ed* form)	Partizip Perfekt, Partizip II	Jane has *arrived*. The thief was *caught*. This is the *stolen* car.
past perfect [,– '– –]	Plusquamperfekt, Vorvergangenheit	When I phoned, Tony *had left*.
past perfect progressive [,– ,– – – '– –]	Verlaufsform des Plusquamperfekts	Ed was tired. He *had been working* all day.
past progressive [,– – '– –]	Verlaufsform der Vergangenheit	It *was raining* all afternoon.
past tense	Vergangenheitsform, Präteritum, Imperfekt	simple past, past progressive
perfect infinitive [ɪn'fɪnətɪv]	Infinitiv Perfekt	*(to) have used, (to) have been made, ...*
personal pronoun ['pɜ:sənl]	Personalpronomen, persönliches Fürwort	*I, you, she, me, them, ...* subject/object form
phrasal verb ['freɪzl]	feste Verb-Adverb-Verbindung	*fill sth. in, sit down, find sth. out, ...*
plural ['plʊərəl]	Plural, Mehrzahl	*chairs, letters, feet; we, yourselves, those, ...*
plural noun ['plʊərəl]	Nomen, das nur im Plural steht	*clothes, stairs, ...*
positive statement ['pɒzətɪv]	bejahter Aussagesatz	*I like pop music.*
possessive adjective [pə'zesɪv]	adjektivisch gebrauchtes Possessivpronomen, besitzanzeigendes Fürwort	*my, your, his, her, its, our, their*
possessive form	Genitiv (*s*-Genitiv), Possessivform	*Sandra's* bike, *our friends'* car
possessive pronoun	nominal gebrauchtes Possessivpronomen	*mine, yours, his, hers, ours, theirs*
prefix ['pri:fɪks]	Vorsilbe, Präfix	*dis-, in-, re-, un-, ...*
preposition [,prepə'zɪʃn]	Präposition, Verhältniswort	*at, in, on, under, with, ...*
prepositional verb [,prepə'zɪʃənl]	Verbindung aus Verb + Präposition	*look at sth., look for sth., listen to sb., ...*
present participle [,preznt 'pɑ:tɪsɪpl]	Partizip Präsens, Partizip I	I'm *looking* for my bag. I've seen a *flying* saucer.
present perfect [, '– –]	*present perfect* (Perfekt, vollendete Gegenwart)	Liz *has* often *helped* me.
present perfect progressive [,– – ,– – – '– –]	Verlaufsform des *present perfect*	Liz *has been waiting* for one hour.
present progressive [,– – – '– –]	Verlaufsform der Gegenwart	Look, Liz *is helping* her father.
present tense	Gegenwartsform, Präsens	simple present, present progressive
progressive form [prə'gresɪv]	Verlaufsform (des Verbs)	present/past/present perfect/past perfect progressive
pronoun ['prəʊnaʊn]	Pronomen, Fürwort	personal/possessive/demonstrative/relative/reflexive/emphasizing pronoun
proper name/proper noun ['prɒpə]	Eigenname	*Judy, England, London, April, ...*

prop-word ['prɒpwɜːd]	Stützwort	a blue car, a red *one* and two green *ones*
quantifier ['kwɒntɪfaɪə]	Mengenbezeichnung	*some, any, much, many, a few, ...*
question ['kwestʃən]	Frage(satz)	yes/no question, question with question word
question with question word	Frage mit einem Fragewort, Ergänzungsfrage	*Where's Jill?* – At school.
question tag ['kwestʃən tæg]	Frageanhängsel, Bestätigungsfrage	It's hot, *isn't it?* You aren't working, *are you?*
question word	Fragewort, Interrogativpronomen	*what, where, who, whose, when, why, which, how*
reflexive pronoun [rɪ'fleksɪv]	Reflexivpronomen, rückbezügliches Fürwort	I've hurt *myself*.
regular verb ['regjʊlə]	regelmäßiges Verb	watch – *watched* – *watched*
relative clause ['relətɪv]	Relativsatz	defining relative clause, contact clause
relative pronoun	Relativpronomen	the girl *(who/that/whom)* you met the house *which/that* was destroyed the boy *whose* parents we met
reported speech [rɪ'pɔːtɪd] (= indirect speech)	indirekte Rede, nichtwörtliche Rede	Ann said *(that) she was sorry.* Do you know *where Ken is*?
sentence ['sentəns]	Satz	main clause, complex sentence
sentence type ['sentəns taɪp]	Satzart	positive/negative sentence, question, imperative
s-form	*s*-Form des Verbs (= 3. Person Singular des *simple present*)	she *knows*, he *likes*, it *tries*
short answer [ˌʃɔːt 'ɑːnsə]	Kurzantwort	Can you see? – *Yes, I can.* – *No, I can't.*
short form ['ʃɔːt fɔːm]	Kurzform	she'*s*, I'*ve*, you need*n't*
simple form ['sɪmpl]	einfache Form (des Verbs)	simple present/past, present/past perfect (simple)
simple past [ˌ– – '–]	einfache Form der Vergangenheit	Liz *helped* me yesterday.
simple present [ˌ– – '– –]	einfache Form der Gegenwart	Liz often *helps* her father.
singular ['sɪŋgjʊlə]	Singular, Einzahl	*chair, letter, foot; I, yourself, that, ...*
singular noun	Nomen, das nur im Singular steht	*advice, furniture, information, ...*
statement ['steɪtmənt]	Aussagesatz	*I (don't) like pop music.*
subject ['sʌbdʒɪkt]	Subjekt, Satzgegenstand	*Sandra* likes pop music. *The thief* was caught.
subject form	Subjektform (der Personalpronomen)	*I, you, he, she, it, we, they*
subordinate clause [sə'bɔːdnət]	Nebensatz, untergeordneter Satz	I can't come *because I'm ill.* *if*-clause, relative clause, contact clause
subordinating conjunction [sə'bɔːdɪneɪtɪŋ]	unterordnende Konjunktion	*because, if, that, when, ...*
suffix ['sʌfɪks]	Nachsilbe, Endsilbe, Suffix	*-able, -ful, -ly, ...*
superlative [suː'pɜːlətɪv]	Superlativ, höchste Steigerungsform	*fastest, best, most terrible, ...*
tense [tens]	Tempus, Zeitform	present/past tense
transitive verb ['trænsətɪv]	transitives Verb (= Verb mit direktem Objekt)	*call sb., make sth., throw sth., ...*
uncountable noun [ˌʌn'kaʊntəbl]	nicht-zählbares Nomen	*bread, oil, time, information, ...*
verb [vɜːb] (= verb phrase)	Prädikat, Satzaussage	I *like* pop music. I *can play* the guitar.
verb	Verb, Zeitwort, Tätigkeitswort	full verb, (modal) auxiliary, transitive/intransitive verb, phrasal/prepositional verb, regular/irregular verb, verb of perception
verb of perception [pə'sepʃn]	Verb der Wahrnehmung	*see, hear, smell, taste, ...*
will-future	Futur mit *will*	Liz *will be* 16 next year.
word class ['wɜːd klɑːs] (= part of speech)	Wortart, Wortklasse	noun, adjective, preposition, ...
word order ['wɜːd ˌɔːdə]	Wortstellung	e.g. subject – verb – object (S–V–O)
yes/no question ['kwestʃən]	Entscheidungsfrage	*Is Jill at home?* – No, she isn't.

Register (Index)

Die Zahlen bezeichnen die **Abschnitte** des Grammatikheftes. (K = Kontrast-Abschnitt, R = rezeptiver Abschnitt, ▲ = Warndreieck)